Fischer (Hrsg.) | Mothes · Abschlussprüfungen

Allgemeine Bankbetriebswirtschaft,
Betriebswirtschaft, Volkswirtschaft, Recht

D1698958

Prüfungstraining zum Bankfachwirt

Die Bücher der Reihe Prüfungstraining zum Bankfachwirt richten sich an Kandidaten, die sich auf die Abschluss- oder Zwischenprüfung vorbereiten. Die Bücher helfen Verständnislücken auf prüfungsrelevanten Gebieten zu schließen, bieten eigene Kontrollmöglichkeiten an und geben somit die erforderliche Sicherheit für das erfolgreiche Bestehen der Prüfung.

Bisher sind erschienen:

Abschlussprüfungen
Allgemeine Bankbetriebswirtschaft,
Betriebswirtschaft, Volkswirtschaft, Recht
von Olaf Fischer (Hrsg.) und Torben Mothes

Mündliche Prüfung Bankfachwirt
von Achim Schütz | Olaf Fischer | Margit Burgard

Allgemeine Bankbetriebswirtschaft
von Olaf Fischer

Recht für Bankfachwirte
von Ulrich Bente, Henriette Deichmann
und Cordula Gürtler-Bente

Volkswirtschaftslehre für Bankfachwirte
von Olaf Fischer (Hrsg.) und Meinolf Lombino

Weitere Titel sind in Vorbereitung

Olaf Fischer (Hrsg.) | Torben Mothes

Abschlussprüfungen

Allgemeine Bankbetriebswirtschaft,
Betriebswirtschaft, Volkswirtschaft, Recht

20 Originalprüfungen
mit ausführlichen Lösungshinweisen

Mit kostenlosen Prüfungssätzen
zu den Wahlpflichtfächern
im Onlineservice zum Buch

GABLER

Bibliografische Information Der Deutschen Nationalbibliothek
Die Deutsche Nationalbibliothek verzeichnet diese Publikation in der
Deutschen Nationalbibliografie; detaillierte bibliografische Daten sind im Internet über
<http://dnb.d-nb.de> abrufbar.

1. Aufage 2008

Alle Rechte vorbehalten
© Betriebswirtschaftlicher Verlag Dr. Th. Gabler | GWV Fachverlage GmbH, Wiesbaden 2008

Lektorat: Dr. Riccardo Mosena
Korrektorat: Beate Rabe

Der Gabler Verlag ist ein Unternehmen von Springer Science+Business Media.
www.gabler.de

Umschlaggestaltung: Ulrike Weigel, www.CorporateDesignGroup.de
Druck und buchbinderische Verarbeitung: Wilhelm & Adam, Heusenstamm
Gedruckt auf säurefreiem und chlorfrei gebleichtem Papier.
Printed in Germany

ISBN 978-3-8349-0736-3

Vorwort

Liebe Leserinnen und Leser,

Ihnen liegt nun das fünfte Buch aus der von mir, Olaf Fischer, ins Leben gerufenen Reihe „Prüfungstraining zum Bankfachwirt" vor.

Anders als bei den bisherigen Büchern handelt es sich um eine Aufgabensammlung, die Ihnen abschlussprüfungsrelevante Aufgaben zu den einzelnen Hauptfächern präsentiert. Insgesamt finden Sie 5 Prüfungssätze inklusive umfassender Lösungshinweise. Bitte beachten Sie, dass es sich um Lösungs**hinweise** handelt und diese trotz aller Bemühungen hinsichtlich des Umfanges ein abschließendes Lehrwerk nicht ersetzen können und auch nicht sollen. Dieses Buch soll als Ergänzung zu den bisherigen Prüfungsbüchern dienen, um Ihnen eine noch zielgerichtetere Vorbereitung auf die Prüfung zu ermöglichen. Mögliche Wissenslücken pro Fach, die Sie beim Durcharbeiten der Aufgaben entdecken, können Sie dann mit den anderen Büchern fachspezifisch schließen.

Die Aufgaben je Prüfungssatz sind so konzipiert, dass sie vom Gewicht her 100 Punkte je Klausur pro Fach ergeben. Auf eine differenzierte Aufteilung der Punkte wurde verzichtet, da eine „gerechte" Zuweisung von Punkten durchaus schwierig und teilweise willkürlich ist. Auf der Internetseite zum Buch finden Sie Prüfungssätze zu den speziellen Qualifikationen Privatkundengeschäft, Immobiliengeschäft und Firmenkundengeschäft. Aufgaben zum Zahlungsverkehr runden diesen Bereich ab. Die Internetseite können Sie unter folgendem Link aufrufen: http://app.gwv-fachverlage.de/tu/9p.

Sollten Sie Fehler finden oder der Meinung sein, den einen oder anderen Aspekt besser darstellen zu können, so bitten wir um entsprechende Information. Wir werden Anregungen gerne berücksichtigen. Sie erreichen uns unter der E-Mail-Adresse: „Bankfachwirt.Pruefungen@freenet.de".

Nun wünschen wir Ihnen viel Erfolg bei Ihrer Prüfungsvorbereitung und stehen Ihnen gerne mit Rat und Tat zur Seite.

Herzlichst

Ihr
Olaf Fischer
Herausgeber

Ihr
Torben Mothes
Autor

Berlin, Februar 2008

Ascheberg, Februar 2008

Inhaltsverzeichnis

PRÜFUNGSSATZ I

1 Allgemeine Bankbetriebswirtschaft

Bearbeitungszeit 120 Minuten, 100 Punkte

1.1 Eigenmittel und Solvabilitätsverordnung

Ermitteln Sie anhand der nachstehenden Angaben bei der Westbank AG folgende Größen:

➢ das Kernkapital und das Ergänzungskapital,
➢ das haftende Eigenkapital,
➢ das modifizierte, verfügbare Eigenkapital,
➢ die Eigenmittel nach KWG,
➢ die anrechenbaren Eigenmittel gem. SolvV und
➢ die Gesamtkennziffer.

	Mio. EUR
gezeichnetes Kapital inkl. Vorzugsaktien	1.900,0
Rücklagen	340,0
eigene Aktien im Bestand	0,0
Vermögenseinlagen stiller Gesellschafter	450,0
Sonderposten nach § 340g HGB	10,0
immaterielle Vermögenswerte	140,0
Vorzugsaktien mit Nachzahlungsverpflichtung	150,0
Vorsorgereserven nach § 340f HGB	60,0
Rücklagen nach § 6b EStG	50,0
nicht realisierte Reserven	500,0
Genussrechte (ohne Marktpflege)	910,0
längerfristige Nachrangverbindlichkeiten	1.580,0
kurzfristige Nachrangverbindlichkeiten	65,0
risikogewichtete KSA-Positionswerte:	35.000,0
Anrechnungsbetrag für operationelle Risiken	110,0
Anrechnungsbeträge für Marktrisiken	300,0

Hinweis:
Die Rücklagen nach § 6b EStG sind bereits gewichtet.
Die nicht realisierten Reserven sind bereits gewichtet.

1.2   Bankpolitik / Marketing

Banken stehen im Mittelpunkt des Geldkreislaufes und sind Veränderungsprozessen am Markt ausgesetzt. Durch die aktive Gestaltung von Veränderungsprozessen soll u.a. eine Effizienz- und Ertragsverbesserung sowie eine Kostensenkung erreicht werden, um im Wettbewerb dauerhaft bestehen zu können.

Erläutern Sie fünf Ursachen, die zu Veränderungsprozessen und einem Strukturwandel bei Banken geführt haben.

1.3   Liquiditätsverordnung und Pensionsgeschäfte

Die Westbank AG ermittelt die nachstehenden Zahlungsmittel und Zahlungsverpflichtungen.

Position	Laufzeitband 1	Laufzeitband 2	Laufzeitband 3	Laufzeitband 4
Zahlungsmittel	1.100	660	583	462
Zahlungsverpflichtungen	990	748	550	495

a) Berechnen Sie anhand der nachstehenden Werte, ob die Vorgaben der LiqV eingehalten wurden.

b) Nennen Sie drei Maßnahmen, die zu einer Verbesserung der Liquiditätskennziffer führen.

c) Zur Verbesserung kann unter anderem auch ein echtes Pensionsgeschäft abgeschlossen werden.
    Erläutern Sie:

  ➢ was unter einem Pensionsgeschäft zu verstehen ist.
  ➢ den Unterschied zwischen einem echten und einem unechten Pensionsgeschäft.

1.4   ROI / ROE – Schema

Die Leitung der Westbank eG bittet Sie um Hilfe bei der Auswertung der beigefügten Gewinn- und Verlustrechnung.

Ermitteln Sie anhand der gegebenen Daten folgende Kennziffern:

1. Bruttozinsspanne
2. Provisionsspanne
3. Bruttobedarfsspanne
4. Bruttoertragsspanne
5. Teilbetriebsergebnisspanne
6. Betriebsergebnisspanne
7. Reingewinnspanne vor Steuern

Aufwendungen	Angaben in Mio. EUR
Zinsaufwand	400,0
Provisionsaufwand	15,0
Personalkosten	98,0
Sachkosten	13,0
Abschreibungen auf Sachanlagen	8,0
Bewertungsergebnis	32,0
Abschreibungen auf Beteiligungen	5,0
sonstige Steuern	7,0
Steuern vom Einkommen und Ertrag	10,0

Erträge	
Zinserträge aus dem Kreditgeschäft	560,0
Zinserträge aus festverzinslichen Wertpapieren	45,0
Provisionsertrag	81,0
Nettoertrag aus Finanzgeschäften	16,0
sonstige Erträge	7,0

Durchschnittliches Geschäftsvolumen	13.000,0

1.5   Bewertung von Forderungen

Kreditforderungen lassen sich hinsichtlich der Forderungsqualität in zwei Kategorien einteilen.

a)   Nennen Sie diese zwei Kategorien und erläutern Sie die grundsätzliche Bewertung der Forderungen in der jeweiligen Kategorie.

b)   Erläutern Sie, wie die Risikovorsorge betrieben wird, wenn ein direktes Ausfallrisiko für die Bank zu erkennen ist. Zeigen Sie in diesem Zusammenhang auch den Ermessensspielraum bei der Bewertung auf.

1.6   Barwertberechnung und Zinsänderungsrisiken

Aufgrund mehrerer Nachteile der herkömmlichen Marktzinsmethode gehen immer mehr Banken dazu über, Neugeschäfte nach dem Barwertprinzip zu kalkulieren und zu bewerten.

a)   Ermitteln Sie rechnerisch den Barwert für das Darlehen über 150.000,00 EUR. (Die Zwischenergebnisse und das Endergebnis sind kaufmännisch auf volle Euro zu runden.)

Darlehensbetrag	150.000,00
Darlehenszins	4,00 %
Auszahlung	96,00 %
Tilgung	75.000,00 je Jahr
Opportunitätszinssätze	5,00 % p.a. für ein Jahr
	5,25 % p.a. für zwei Jahre

b)   Neben den Adressenausfallrisiken hat eine Bank auch Marktrisiken zu berücksichtigen. Zu dieser Risikogruppe zählt u.a. auch das Zinsänderungsrisiko. Erläutern Sie, was unter dem Zinsänderungsrisiko zu verstehen ist und welche zwei Kategorien man grundsätzlich unterscheiden kann.

2 Betriebswirtschaft

Bearbeitungszeit 120 Minuten, 100 Punkte

2.1 Kommunikation

a) Erläutern Sie die vier Seiten einer Nachricht nach dem Kommunikationsmodell nach „Schulz von Thun" und geben Sie jeweils ein Beispiel an.

b) Nennen Sie im ersten Schritt allgemeine Störfaktoren der Kommunikation und im zweiten Schritt Maßnahmen zur Beseitigung von Kommunikationsstörungen.

2.2 Arbeitsrecht - Kündigung und Abmahnung

Vor einer wirksamen Kündigung muss der Arbeitgeber den betroffenen Arbeitnehmer abmahnen.

a) Nennen Sie acht Gründe, die zu einer wirksamen Abmahnung führen.

b) Beschreiben Sie den Inhalt und die Form einer Abmahnung.

2.3 Kostenrechnung

Eine Fertigungskostenstelle hat bei einer Planbeschäftigung von 1800 Stunden Plankosten von insgesamt 108.000,00 EUR. Davon sind 63.000,00 EUR variable Plankosten. Im Monat Mai beträgt die Istbeschäftigung 1440 Stunden. Die Ist-Kosten werden mit 102.000,00 EUR ermittelt.

a) Berechnen Sie den Plankostenverrechnungssatz.
b) Errechnen Sie die Sollkosten für die Istbeschäftigung.
c) Berechnen Sie die Beschäftigungsabweichung.
d) Erläutern Sie das bei c) ermittelte Ergebnis.
e) Berechnen Sie die Verbrauchsabweichung und erklären Sie das Ergebnis.
f) Bestimmen Sie die Gesamtabweichung.

2.4   Investitionsrechnung

Die Ehlers-GmbH stellt weltweit Kosmetika her. Um ein neues Shampoo herstellen zu können, muss in eine neue Produktionsanlage investiert werden. Die Geschäftsführer können bei dem Erwerb zwischen zwei Maschinen wählen.

	Maschine A	Maschine B
Kaufpreis der Anlage:	216.450,00 EUR	148.800,00 EUR
Nutzungsdauer in Jahren:	10	9
kalkulatorischer Zinssatz:	8,00 %	8,00 %
max. Herstellungskapazität in Stück:	16.000	16.000
Fixkosten p.a.:	2.756,00 EUR	2.756,00 EUR
Lohnkosten p.a.:	32.877,00 EUR	45.110,00 EUR
Material für die Fertigung p.a.:	9.360,00 EUR	9.360,00 EUR
Energiekosten p.a.:	1.950,00 EUR	1.950,00 EUR

Hinweis:
Die Wiederbeschaffungswerte entsprechen den in der Aufgabe genannten Kaufpreisen.

a)   Die Geschäftsführer bitten Sie, eine Kostenvergleichsrechnung anhand der oben genannten Daten zu erstellen.

b)   Das Shampoo kann aufgrund unterschiedlicher Fertigungsarten der Maschinen A und B zu unterschiedlichen Preisen abgesetzt werden. Die Maschine B lässt die Verarbeitung von zusätzlichen kosmetischen Bestandteilen zu.

Preise für das Shampoo:

Hergestellt mit der Maschine A:	5,50 EUR
Hergestellt mit der Maschine B:	6,25 EUR

Treffen Sie anhand der Gewinnvergleichsrechnung eine Investitionsentscheidung.

c)   Erläutern Sie drei Vorteile und auch drei Nachteile der statischen Investitionsrechnung.

2.5 Produktionsplanung

Die Ton-Fabrik GmbH stellt große Blumenkübel her.

Im Jahr 2007 lag die Produktion bei:	150.000 Stück
Der Verkaufspreis beträgt:	35,00 EUR

Die vorhandenen Produktionsanlagen ermöglichen eine max. Kapazität von 185.000 Stück.

Die Produktion für 150.000 Stück verursacht folgende Kosten:

Materialkosten:	1.750.000,00 EUR
Fertigungskosten:	1.280.000,00 EUR
Gehälter:	950.000,00 EUR
sonstige Fixkosten:	525.000,00 EUR

a) Berechnen Sie das Betriebsergebnis der Ton-Fabrik GmbH.

b) Berechnen Sie

> ➢ die Break-Even-Menge,
> ➢ den Break-Even-Umsatz und
> ➢ den Sicherheitsabstand.

c) Die neuen Tarifverhandlungen ergeben, dass Lohnerhöhungen von 15 % bevorstehen. Die Ton-Fabrik GmbH versucht, diese Lohnerhöhungen durch einen Mehrverkauf kompensieren zu können. Berechnen Sie, wie viele weitere Blumenkübel verkauft werden müssen, so dass der ursprüngliche Betriebserfolg erzielt werden kann.

d) In der Folgeperiode könnten weitere 15.000 Stück verkauft werden. Hierzu ist aber eine besondere Werbemaßnahme bei den Groß- und Einzelhändlern nötig. Ziel ist es, den Gewinn trotz zusätzlicher Werbekosten konstant zu halten. Wie hoch dürfen die zusätzlichen Kosten höchstens sein?

2.6   Leverage-Effekt

Die Töpfer-GmbH möchte aufgrund ausgelasteter Kapazitäten die Produktionska-
pazitäten erweitern. Im Rahmen dieses Prozesses wird auch der Leverage-Effekt mit
berücksichtigt.

a) Errechnen Sie für die unterschiedlichen Finanzierungsmöglichkeiten den Lever-
    age-Effekt (Werte in Mio. EUR).

	1	2	3	4
Eigenkapital	20.000,00	14.000,00	12.000,00	3.000,00
Fremdkapital	0,00	6.000,00	8.000,00	17.000,00
Gesamtkapital	20.000,00	20.000,00	20.000,00	20.000,00

Gesamtkapitalrentabilität: 14,00 %
Fremdkapitalzinssatz: 9,00 %

b) Erklären Sie, was unter dem Leverage-Effekt zu verstehen ist.

c) Der Leverage-Effekt bringt aber auch gewisse Nachteile (Grenzen) mit sich. Er-
    läutern Sie diese.

3 Volkswirtschaft

Bearbeitungszeit 120 Minuten, 100 Punkte

3.1 Geldmarkt

In früheren Zeiten wurden Waren und Dienstleistungen direkt zwischen den Vertragsparteien getauscht. Zur Vereinfachung haben sich im Laufe der Zeit verschiedene Tauschmittel entwickelt.

a) Erläutern Sie drei Funktionen, die das Geld übernimmt.

b) Die Geldnachfrage wird durch das Transaktionsmotiv (Transaktionskasse) und durch das Spekulationsmotiv (Spekulationskasse) bestimmt.
Erläutern Sie die genannten Faktoren (Bestimmungsgründe) der Geldnachfrage.

c) In Phasen eines niedrigen Zinsniveaus kann unter Umständen beobachtet werden, dass sich das Zinsniveau trotz einer Geldmengenerhöhung nicht verändert. Das ursprünglich verfolgte Ziel der konjunkturellen Stärkung wird nicht erreicht.
Beschreiben Sie einerseits verbal und andererseits mit Hilfe einer Grafik die Liquiditätsfalle.

3.2 Sozialpolitik

Die Finanzierung der sozialen Sicherung erfolgte teilweise durch die Erhebung von Beiträgen.
Im Rahmen der Beitragsfinanzierung wird die Umlagenfinanzierung und das Kapitaldeckungsverfahren unterschieden.

a) Erklären Sie die beiden genannten Arten der Beitragsfinanzierung.

b) Zeigen Sie anhand frei gewählter Beispiele auf, mit welchen Problemen die Rentenversicherung und die Krankenversicherung konfrontiert werden.

3.3   Wirtschaftsordnung

Die Wirtschaftspolitik umfasst alle Maßnahmen zur Beeinflussung der Wirtschaft mit
der Absicht, bestimmte Ziele zu erreichen.

a)   Nennen und beschreiben Sie die drei Grundprobleme jeder Wirtschaftsgesell-
     schaft.

b)   Zur Lösung der drei Grundprobleme (siehe Aufgabenteil a) gibt das Wirt-
     schaftssystem bzw. die Wirtschaftsordnung Antwort.

     Unterscheiden Sie die sozialistische Zentralverwaltungswirtschaft und die kapi-
     talistische Marktwirtschaft in folgenden Punkten:

     ➢   Merkmal
     ➢   Allokation / Koordination
     ➢   Ziele
     ➢   Einfluss bzw. Aufgabe des Staates.

3.4   Außenhandel

Durch den Außenhandel erfolgt ein grenzüberschreitender Austausch von Gütern,
Dienstleistungen und Kapital.

a)   Nennen und beschreiben Sie zwei Ursachen des Außenhandels.

b)   Nennen Sie insgesamt vier Argumente, die für einen Freihandel sprechen.

c)   Trotz der Vorteile eines Freihandels wird oftmals über die Erhebung eines Im-
     portzolls diskutiert.
     Beschreiben Sie die Ziele und drei Auswirkungen einer solchen Zollerhebung
     (Mengenzoll).

3.5   Güter

Die Nachfrage nach Gütern ist u.a. vom verfügbaren Einkommen abhängig. Steigt
das Einkommen (Y), so kann der Konsum etwas steigen und dann stehen bleiben,
steigen oder sinken. Dies hängt davon ab, um welches Gut es sich handelt.

a) Beschreiben Sie, wie sich Einkommenserhöhungen

- ➤ bei Sättigungsgütern,
- ➤ bei superioren Gütern und
- ➤ bei inferioren Gütern auswirken.

Unterlegen sie Ihre Aussage jeweils mit einer Grafik.

b) Neben der „normalen" Nachfragereaktion treten auch „anormale" Nachfragere-aktionen auf. Hierzu gehören z.B. die sogenannten Giffen-Güter.
Beschreiben Sie die Merkmale von Giffen-Gütern.

3.6 Wettbewerb

a) Ein funktionierender Wettbewerb führt zur bestmöglichen Güterversorgung in einer Volkswirtschaft, vorausgesetzt es gibt keine Marktmacht.
Nennen Sie insgesamt fünf Funktionen des Wettbewerbs und beschreiben Sie diese.

b) Beschreiben Sie, nach welchem Muster der Wettbewerb in der Bundesrepublik Deutschland abläuft.

4 Recht

Bearbeitungszeit 120 Minuten, 100 Punkte

4.1 Sachenrecht (mobil) – Eigentum

Herr Koch, ein leidenschaftlicher Film-Liebhaber, hat seinem Freund (Herrn Peters) seinen DVD-Player geliehen. Herr Peters möchte den DVD-Player veräußern, da er dringend Geld benötigt. Da Herr Peters den DVD-Player nicht selber veräußern möchte, beauftragt und ermächtigt er Herrn Nieder zum Verkauf des Gerätes. In diesem Zusammenhang erwähnt Herr Peters, dass ihm der DVD-Player gehöre. Frau Anders, die von dem Verkauf gehört hat, interessiert sich für das Gerät. Sie kennt aber auch den Herrn Koch und erkennt, dass es sich bei dem DVD-Player um das Gerät des Herrn Koch handelt. Herr Nieder schildert Frau Anders glaubhaft, dass er von Herrn Koch zum Verkauf ermächtigt worden ist. Frau Anders glaubt ihm. Herr Nieder und Frau Anders einigen sich über den Eigentumsübergang und Herr Nieder übergibt ihr den DVD-Player.

Ist Frau Anders Eigentümerin des DVD-Players geworden?

4.2 Erbrecht – Testament und Erbengemeinschaft

Im Juli 2007 ist Herr Hoffmann verstorben. Er hinterlässt ein Testament, welches er am 08.10.2002 geschrieben hatte. Herr Hoffmann möchte, dass seine beiden Schwestern, Inge und Marie, seine Erben werden. Ferner schreibt Herr Hoffmann in seinem Testament:
„Das Sparguthaben des Kontos Nr. 123 bei der Landbank eG soll mein Neffe Peter, Sohn der Inge, erhalten".
Bei der Landbank besteht neben dem Sparguthaben noch ein Wertpapierdepot. Dieses weist einen Wert in Höhe von 15.000,00 EUR auf.

a) Peter erscheint nach dem Tode des Herrn Hoffmann bei der Landbank eG und verlangt, dass ihm das Sparguthaben ausgezahlt wird.
    Erläutern Sie, ob die Bank dem Auszahlungswunsch nachkommen muss.

b) Abwandlung:
Inge war schon vier Monate vor dem Tod ihres Bruders verstorben. Herr Hoffmann hatte sein Testament bezüglich der Erbeinsetzung von Inge nicht mehr geändert. Neben den bekannten Personen bestehen keine Verwandten. Peter wünscht nun, dass die Landbank eG die Wertpapiere aus dem Depot verkauft.
Darf die Bank seinem Wunsch nachkommen?

4.3   Kreditsicherheit - Bürgschaft

Herr Schnack beantragt bei der Dortmunder-Privatbank einen Kredit für seine Existenzgründung. Bei der Privatbank ist es bei Existenzgründungsfinanzierungen üblich, dass sich der Ehepartner für die Kredite verbürgt. Bei Herrn Schnack fordert die Bank eine Bürgschaft in Höhe von 210.000,00 EUR von Frau Schnack. Frau Schnack ist nicht berufstätig. Sie versorgt den Haushalt und die drei Kinder und hat keinerlei Vermögen.
Die Existenzgründung von Herrn Schnack verläuft nicht positiv. Schon bereits nach einem Jahr muss er die Insolvenz anmelden. Die Privatbank möchte nach Abschluss des Insolvenzverfahrens die Ehefrau aus der Bürgschaft in Anspruch nehmen. Zu Recht?

4.4   Grundstücksrecht

Frau Möller ist Eigentümerin eines Seegrundstücks. In Abteilung I des zum Grundstück gehörenden Grundbuchs ist sie als Eigentümerin eingetragen. Am 11.06.2007 hat sich Frau Möller dazu entschlossen, das Grundstück an Herrn Beyer zu verkaufen. Die Auflassung erfolgt ebenfalls. Herr Beyer wird als neuer Eigentümer in Abteilung I des Grundbuchs eingetragen. Bei Auflassung war Herr Beyer jedoch unerkannt geisteskrank.
Nachdem seine Erkrankung geheilt ist, verkauft Herr Beyer das Grundstück an Herrn Först und lässt es auch an ihn auf. Herr Först wird als neuer Eigentümer im Grundbuch eingetragen. Erläutern Sie, ob Herr Först Eigentümer geworden ist.

4.5   Darlehensvertrag

Sie als Kundenberater der Nordostbank AG haben mit dem Kunden Beyer einen Darlehensvertrag in Höhe von 15.000,00 EUR abgeschlossen. Über den nominellen Zinssatz in Höhe von 9,0% p.a. haben Sie sich mit dem Kunden geeinigt. Der Kreditbetrag wurde in der Zwischenzeit auch ausgezahlt.

Im schriftlichen Kreditvertrag hatten Sie jedoch vergessen, den effektiven Jahreszins einzutragen. Diesen hatten Sie Herrn Beyer im Beratungsgespräch mit 10,33% p.a. mitgeteilt.

Erklären Sie, ob ein wirksamer Darlehensvertrag geschlossen worden ist. Sollte dies der Fall sein, so erläutern Sie, welchen Zinssatz Herr Beyer zu zahlen hat.

4.6   Zwangsvollstreckung

Der Schuldner S begleicht seine Forderungen gegenüber mehreren Gläubigern nicht. Der Gläubiger G erwirkt aufgrund eines Vollstreckungsbescheides einen vollstreckbaren Titel für seine Forderung in Höhe von 1.500,00 EUR. Mit dem vollstreckbaren Titel beantragt er bei dem zuständigen Vollstreckungsorgan (Vollstreckungsgericht) einen Pfändungs- und Überweisungsbeschluss und lässt damit das Girokonto des S bei der Sparkasse pfänden. Der Pfändungs- und Überweisungsbeschluss wird der Sparkasse formgerecht zugestellt.

Herr S führt bei der Sparkasse nur ein Konto. Kontoinhaber ist er zusammen mit seiner Ehefrau (Oder-Konto). Am Tage der Zustellung weist das Girokonto ein Guthaben in Höhe von 2.100,00 EUR auf.

Die Sparkasse überweist dem G den gepfändet Betrag in Höhe von 1.500,00 EUR. Die Ehefrau des Herr S legt am darauffolgenden Tag Widerspruch bei der Sparkasse ein und verlangt die Wiedergutschrift der 1.500,00 EUR. Sie argumentiert damit, dass der Pfändungs- und Überweisungsbeschluss nur gegen ihren Mann gerichtet war.

Ist die Sparkasse zur Wiedergutschrift verpflichtet?

LÖSUNGSHINWEISE
PRÜFUNGSSATZ I

1 Allgemeine Bankbetriebswirtschaft

1.1 Eigenmittel und Solvabilitätsverordnung

Kernkapital:

	gezeichnetes Kapital inkl. Vorzugsaktien	1.900,0
+	Rücklagen	340,0
-	Vorzugsaktien	150,0
-	eigene Aktien im Bestand	0,0
+	Vermögenseinlagen stiller Gesellschafter	450,0
+	Sonderposten nach § 340g HGB	10,0
-	immaterielle Vermögensgegenstände	140,0
=		2.410,0

Ergänzungskapital:

	Vorsorgereserven nach § 340f HGB	60,0
+	Vorzugsaktien	150,0
+	Rücklagen nach § 6b EStG	50,0
+	nicht realisierte Reserven (Summe)	490,0
	a) bei Grundstücken	
	b) bei Wertpapieren des Anlagebuches	
+	Genussrechtskapital	910,0
=	Ergänzungskapital 1. Klasse	1.660,0

Stille Reserven werden nur anerkannt, wenn der Kernkapitalkoeffizient mindestens 4,4% des 12,5-Fachen des Gesamtanrechnungsbetrages für Adressrisiken (hier gleich den risikogewichteten KSA-Positionswerten) entspricht.

Kernkapital:	2.410,0
risikogewichtete KSA-Positionswerte:	35.000,0
Der Kernkapitalkoeffizient beträgt:	6,89%

Max. werden 1,4% des 12,5fachen des Gesamtanrechnungsbetrages für Adressrisiken (hier gleich den risikogewichteten KSA-Positionswerte) als stille Reserven anerkannt.

1,4% des 12,5fachen des Gesamtanrechnungsbetrages für Adressrisiken:		490,0
vorhandene stille Reserven:		500,0

	längerfristige Nachrangverbindlichkeiten	1.580,0
=	Ergänzungskapital 2. Klasse	1.580,0
	max. jedoch 50% des Kernkapitals	1.205,0
	Differenz für Drittrangmittel:	375,0

	Ergänzungskapital 1. Klasse	1.660,0
+	Ergänzungskapital 2. Klasse (evtl. gekappt)	1.205,0
=	Ergänzungskapital:	2.865,0
	max. in Höhe des Kernkapitals	2.410,0
	Differenz für Drittrangmittel:	455,0

	Kernkapital	2.410,0
+	Ergänzungskapital	2.410,0
	haftendes Eigenkapital:	**4.820,0**

Da keine weiteren Abzugs- und Unterlegungstatbestände vorhanden sind, entspricht das haftende Eigenkapital dem modifizierten, verfügbaren Eigenkapital.

vorhandene Drittrangmittel:

	kurzfristige Nachrangverbindlichkeiten	65,0
+	überschüssiges Ergänzungskapital 2. Klasse	375,0
+	gekapptes Ergänzungskapital	455,0
=	vorhandene Drittrangmittel:	895,0

Ergänzungskapital:	2.410,0	
gebundenes Ergänzungskapital (max. 4% der risikogewichteten KSA-Positionswerte zzgl. max. 50% des Anrechnungsbetrages für operationelle Risiken):		1.455,0
freies Ergänzungskapital:		955,0

Kernkapital:	2.410,0	
gebundenes Kernkapital (mind. 4% der risikogewichteten KSA-Positionswerte zzgl. mind. 50% des Anrechnungsbetrages für operationelle Risiken):		1.455,0
freies Kernkapital:		955,0

anrechenbare Drittrangmittel:

2,5fache des freien Kernkapitals abzgl. freies Ergänzungskapital:	1.432,5
max. jedoch nur vorhandene Drittrangmittel:	895,0

Eigenmittel nach KWG:

haftendes Eigenkapital:	4.820,0
+ anrechenbare Drittrangmittel:	895,0
Eigenmittel nach KWG:	**5.715,0**

anrechenbare Eigenmittel für Solvenzzwecke:

modifiziertes, verfügbares Eigenkapital; hier gleich dem haftenden Eigenkapital	4.820,0
+ genutzte, verfügbare Drittrangmittel – 5/7 der Anrechnungsbeträge für Marktrisikopositionen inkl. Optionsgeschäfte	214,3
anrechenbare Eigenmittel für Solvenzzwecke:	**5.034,3**

Gesamtkennziffer:

$$\frac{\text{anrechenbare Eigenmittel } (5.034,3) \times 100}{\text{12,5fache der Anrechnungsbeträge für Adressrisiken, operationelle Risiken und Marktrisikopositionen incl. Optionsgeschäfte } (40.125)} = \textbf{12,55\%}$$

1.2   Bankpolitik / Marketing

➢ *Veränderte und gestiegene Kundenbedürfnisse:*

Die Kundenbedürfnisse haben sich im Laufe der Zeit verändert. Die Kundenerwartungen sind gestiegen. Kunden erwarten von „ihrer Bank" individuelle und maßgeschneiderte Problemlösungen. Durch die Flexibilisierung der Märkte hat die Kundenloyalität abgenommen. Die Kunden sind preisbewusster geworden und die Technikakzeptanz ist gestiegen.

➢ *Technologischer Fortschritt:*

Die Abwicklung der Bankgeschäfte und deren Vertrieb wird durch die Technik beeinflusst. Die Technik

- ➢ entlastet Mitarbeiter von Routinearbeiten,
- ➢ unterstützt Mitarbeiter bei Beratungstätigkeiten,
- ➢ verringert die Personalintensität und
- ➢ ermöglicht das Angebot von elektronischen Bankdienstleistungen.

Die technische Weiterentwicklung führt zu einer noch größeren Markttransparenz.

➢ *Veränderte Märkte:*

Der technische Fortschritt und die hohe Markttransparenz sorgen für eine Deregulierung der Märkte. Die traditionellen Kreditfinanzierungen gehen zurück. Diese erfolgen mehr und mehr über Kapitalmärkte (= Disintermediation, d.h. die Vermittlungsfunktion zwischen Anlegern und Kreditnachfragern geht zurück).
Der Wettbewerb zwischen den Banken hat zugenommen.

➢ *Hoher Wettbewerb:*

Der hohe Wettbewerb zwischen den Banken sorgt für einen immer größeren Margenverfall. Marketingaktionen haben verstärkt zugenommen, so dass in diesem Bereich hohe Kostensteigerungen zu verzeichnen sind.

➢ *Verändertes Mitarbeiterverhalten:*

Die Einstellung des einzelnen Mitarbeiters zur „Arbeit" hat sich verändert. Mitarbeiter wollen in die Prozesse mit eingebunden werden und fordern eine kooperative Mitarbeiterführung.
Die Einführung variabler Arbeitszeiten und leistungsabhängige Vergütungssysteme führen ebenfalls zu Veränderungsprozessen in der Bankenlandschaft.

1.3 Liquiditätsverordnung und Pensionsgeschäfte

a)

Position	Laufzeit-band 1	Laufzeit-band 2	Laufzeit-band 3	Laufzeit-band 4
Zahlungsmittel	1.100,0	660,0	583,0	462,0
Zahlungsverpflichtungen	990,0	748,0	550,0	495,0
Fristeninkongruenz	110,0	- 88,0	33,0	- 33,0
positive Fristeninkongruenz	110,0		33,0	
Zahlungsmittel inkl. positiver Fristeninkongruenz	1.100,0	770,0	583,0	495,0
Liquiditätskennzahl	1,11			
Beabachtungskennzahl		1,03	1,06	1,00

Die Vorgaben der LiqV sind nur knapp eingehalten worden.

b)
- ➢ Aufnahme von befristeten Einlagen > 1 Monat und Anlage < 1 Monat
- ➢ Durchführung eines echten Pensionsgeschäftes zu bestimmten Bedingungen
- ➢ Aufnahme von unwiderruflichen Kreditzusagen

c)
- ➢ Pensionsgeschäfte sind Geschäfte, bei denen der Pensionsgeber Vermögensgegenstände (z.B. Wertpapiere) gegen Zahlung eines Betrages an einen anderen (Pensionsnehmer) überträgt. Gleichzeitig erfolgt eine Vereinbarung über die spätere Rückübertragung und den Zinssatz für die Geldüberlassung.
- ➢ Grundlage: § 340b HGB

	Echtes Pensionsgeschäft	**Unechtes Pensionsgeschäft**
Pensionsnehmer Pflicht oder Recht zur Rückgabe	Unbedingte Rückgabepflicht - Verpflichtung -	Selbstbestimmbares Rückgaberecht - berechtigt -
Pensionsgeber	Unbedingte Rücknahmepflicht - Verpflichtung -	Bedingte Rücknahmepflicht (hängt von der Verhaltensweise des Pensionsnehmers ab)

Zeitpunkt der Rücküber-tragung	bereits bei Vertragsabschluss vereinbart	
	vom Pensionsgeber noch zu bestimmen	vom Pensionsnehmer noch zu bestimmen
Bilanzierung der Ver-mögensgegenstände	beim Pensionsgeber, da die Rückübertragungspflicht besteht	beim Pensionsnehmer, da nur das Rückgaberecht besteht

1.4   ROI / ROE – Schema

Bruttozinsspanne:

	Zinserträge	560,0	
+	lfd. Erträge aus festverzinslichen Wertpapieren	45,0	
-	Zinsaufwand	400,0	
=	Bruttozinsspanne	205,0	(= 1,577%)

Provisionsspanne:

	Provisionsertrag	81,0	
-	Provisionsaufwand	15,0	
=	Provisionsspanne	66,0	(= 0,508%)

Bruttobedarfsspanne:

	Personalkosten	98,0	
+	Sachkosten	13,0	
+	Abschreibungen auf Sachanlagen	8,0	
+	sonstige Steuern	7,0	
=	Bruttobedarfsspanne	126,0	(= 0,969%)

Bruttoertragsspanne:

	Bruttozinsspanne	205,0	(= 1,577%)
+	Provisionsspanne	66,0	(= 0,508%)
=	Bruttoertragsspanne	271,0	(= 2,085%)

Teilbetriebsergebnisspanne:

	Bruttoertragsspanne	271,0 (= 2,085%)
-	Bruttobedarfsspanne	126,0 (= 0,969%)
=	Teilbetriebsergebnisspanne	145,0 (= 1,115%)

Betriebsergebnisspanne:

	Teilbetriebsergebnisspanne	145,0 (= 1,115%)
+	Nettofinanzgeschäftsspanne	16,0 (= 0,123%)
-	Bewertungsspanne	32,0 (= 0,246%)
+	sonstige Erfolgsspanne	7,0 (= 0,054%)
=	Betriebsergebnisspanne	136,0 (= 1,046%)

Reingewinnspanne vor Steuern vom Einkommen und Ertrag:

	Betriebsergebnisspanne	136,0 (= 1,046%)
-	a.o. Spanne	5,0 (= 0,038%)
=	Reingewinnspanne vor Steuern vom Einkommen und Ertrag	131,0 (= 1,008%)

Die schematische Darstellung im Rahmen des ROI / ROE – Schemas finden Sie auf der nächsten Seite. Beachten Sie bitte, dass dieses Beispiel noch mit der bilanziellen Eigenkapitalquote ergänzt und somit die Eigenkapitalrendite vor und nach Steuern vom Einkommen und Ertrag dargestellt werden kann. Insofern finden Sie diese Größen und ihre Ermittlung optional - ohne Angabe von Werten – abgebildet. Im Rentabilitätsmanagement von Banken dient die Eigenkapitalrendite als zentrales Steuerungsinstrument. Siehe hierzu – Fischer, Allgemeine Bankbetriebswirtschaft, 3. Auflage Seite 241.

DAS ROI-SCHEMA IST WIE FOLGT AUFGEBAUT:

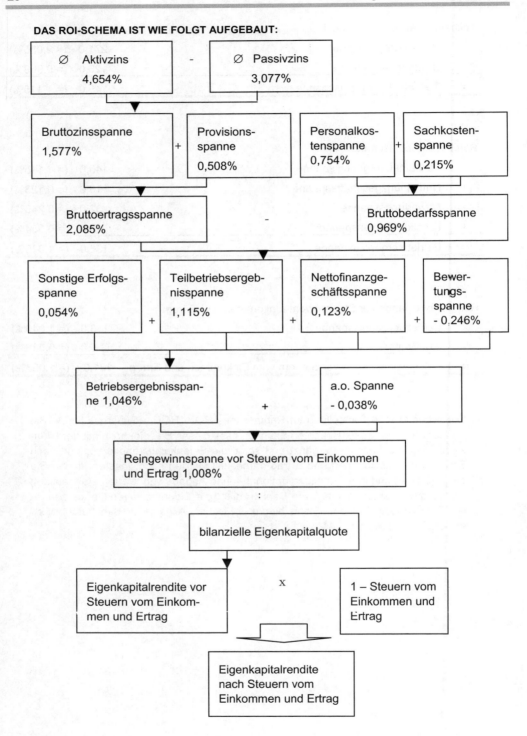

1.5 Bewertung von Forderungen

a)

Kreditforderungen lassen sich nach risikofreien und risikobehafteten Forderungen unterscheiden.

Bei den risikofreien Forderungen ist keine Risikovorsorge erforderlich. Sie werden zum Nominalwert bilanziert (z.B. Kommunaldarlehen).

Bei den risikobehafteten Forderungen erfolgt noch eine genauere Einteilung in drei Kategorien:

anmerkungsbedürftige, aber intakte Forderungen	notleidende (zweifelhafte) Forderungen	uneinbringliche Forderungen
➢ kein direktes Ausfallrisiko erkennbar (= latentes Risiko)	➢ direktes Ausfallrisiko vorhanden	➢ Ausfall tritt ein oder ist eingetreten
Merkmale		
➢ keine Auffälligkeiten ➢ keine negativen Erkenntnisse ➢ positive bzw. konstante Entwicklung bei dem Kreditnehmer	➢ Nichteinhaltung von Zins- und Tilgungsleistungen ➢ Verschlechterung der wirtschaftlichen Verhältnisse ➢ Scheck- oder Wechselproteste ➢ negative Auskünfte (Schufa, Creditreform) ➢ Kontopfändung	➢ dauerhafte Zahlungseinstellung ➢ ergebnislose Zwangsvollstreckung ➢ Einstellung des Insolvenzverfahrens mangels Masse

b)

Sofern ein direktes Ausfallrisiko des Kreditnehmers für die Bank ersichtlich ist, muss sie Risikovorsorge in Form von Einzelwertberichtigungen (EWB) bilden.

Höhe der derzeitigen Forderung
- Teilbetrag, der unzweifelhaft eingehen wird
- Wert der gestellten Sicherheiten

Höhe der Einzelwertberichtigung

Bei der Bildung der Einzelwertberichtigung hat die Bank grundsätzlich einen Ermessensspielraum, der von der Ertragslage (Ergebnis vor Bewertung) abhängig ist. Ist das vorläufig erzielte Ergebnis schlechter als erwartet, so ist die Bank bestrebt, keine weiteren Einzelwertberichtigungen bilden zu müssen.

Ist dagegen das vorläufige Ergebnis besser als geplant, so versucht die Bank durch die Bildung von weiteren Einzelwertberichtigungen das geplante Ergebnis zu erreichen.

Ermessensspielraum bei der EWB-Bildung:

1. Ermessensspielraum bei der Bewertung der gestellten Sicherheiten:
   Je höher der Sicherheitenwert ist, desto weniger EWB müssen gebildet werden.
2. Zeitpunkt der Bildung:
   Der Zeitpunkt lässt sich nicht einheitlich beantworten und wird erheblich von der Ertragslage des Instituts abhängen.
3. Bestimmung des Teilbetrages, der sicher eingehen wird.

1.6   Barwertberechnung und Zinsänderungsrisiken

a)

Jahre	0	1	2	Abzinsungsfaktor
Auszahlung	-144.000,00	81.000,00	78.000,00	
Jahr 2	74.109,00	-3.891,00	-78.000,00	1,0525
		77.109,00	0,00	
Jahr 1	73.437,00	-77.109,00		1,050
Barwert	3.546,00	0,00		

b)

Ein Zinsänderungsrisiko im engeren Sinne - auch Zinsspannenrisiko genannt - drückt die Gefahr aus, dass sich durch Zinsänderungen am Geldmarkt die Zinsmarge des Institutes verringert.

Das Zinsänderungsrisiko im engeren Sinne kann noch - hier vereinfacht dargestellt - auf festverzinsliche Wertpapiere im Bestand ausgeweitet werden. Dann spricht man vom Marktwertrisiko. Das Marktwertrisiko entspricht dem Zinsänderungsrisiko im weiteren Sinne. Es drückt die Gefahr aus, dass sich durch Zinsänderungen die Kurse von festverzinslichen Papieren nach unten bewegen. Dies kann auf Grund allgemeiner Marktveränderungen sowie anhand bonitätsbezogener Faktoren geschehen.

Insoweit können Zinsänderungsrisiken wie folgt dargestellt werden:

Aktivisches Zinsänderungsrisiko:	Passivfestzinsüberhang – Gefahr, dass die Zinsen für den variablen Teil sinken. Somit verringern sich die Erträge aus dem Aktivgeschäft und die Zinsspanne sinkt.
Passivisches Zinsänderungsrisiko:	Aktivfestzinsüberhang – Gefahr, dass die Zinsen für den variablen Teil steigen. Somit verteuert sich die Refinanzierung und die Zinsspanne sinkt.
Variables Zinsänderungsrisiko:	Gefahr, dass bei Zinsänderungen im variablen Bereich die Zinsänderungen nicht vollumfänglich an die Kunden weitergegeben werden können und sich somit die Zinsspanne reduziert. Dies ist hauptsächlich dadurch begründet, dass die variablen Aktiva und Passiva unterschiedliche Elastizitäten aufweisen können.
Marktwertrisiko:	Gefahr, dass sich durch emittentenbezogene oder marktbezogene Zinsveränderungen der Kurs eines festverzinslichen Wertpapiers nach unten entwickelt.

2   Betriebswirtschaft

2.1   Kommunikation

a)

1. *Sachinhalt:*

Sachverhalte werden dargestellt.

- ➢ sachlicher Bestandteil der Nachricht
- ➢ objektive Darstellung

Beispiel:
- ➢ *Frau, das Bier und die Chips sind alle.*

2. *Selbstoffenbarung*

Der Sender sagt

- ➢ etwas über sich selber,
- ➢ wie es ihm gerade geht oder
- ➢ was ihm wichtig/unwichtig ist.

Die Selbstoffenbarung spiegelt die „eigene Befindlichkeit" wider.
= Ich-Botschaft des Senders

Beispiel:
- ➢ *Ich habe noch Durst und Hunger.*
- ➢ *Ich bin zu faul aufzustehen.*

3. *Beziehung*

Die Beziehung zwischen Sender und Empfänger wird beschrieben.

- ➢ Was hält der Sender vom Empfänger?
- ➢ Wie steht der Sender zum Empfänger?
- ➢ Beziehung wird gesteuert über:
  - ◆ Formulierung
  - ◆ Tonfall

Beispiel:
➤ *„Ich" bin der Mann und habe was zu sagen. (Der Mann hält die Frau als Dienstbotin.)*

4. Appell

Es ist die Aufforderung, etwas zu tun.

➤ „Wozu ich dich veranlassen möchte."

Beispiel:
➤ *Frau, geh los und hol mir ein neues Bier und neue Chips.*

b)
1. Allgemeine Probleme bei der Kommunikation:

➤ Affektlage
➤ Annahmen
➤ Deutungen
➤ Erwartungen
➤ Sprachstile
➤ Unterstellungen
➤ Vorurteile

2. Störungen können auftreten, da die Beziehungsebene oft wichtiger ist als die Sachebene

3. Unterschiede zwischen Sender und Empfänger:

➤ Darstellungsweise:
  ♦ Sender ist sich über die Darstellungsweise nicht im Klaren

➤ Codieren beim Sender:
  ♦ Fehler bei der Umsetzung der Gefühle in Worte und Gesten
  ♦ „fehlende Worte"
  ♦ zu abstrakte Darstellung, Fremdwörter

➤ Entschlüsseln beim Empfänger:
  ♦ Hörfehler
  ♦ falsches Lesen
  ♦ Ablenkungen durch andere Ereignisse

➤ unterschiedliches Sprach- und Bildungsniveau

Maßnahmen zur Beseitigung von Kommunikationsstörungen:

➢ Definition von verbindlichen Gesprächsregeln
➢ Definition von Inhalt und Ablauf
➢ keine Unterbrechungen
➢ Verhalten wird beschrieben aber nicht bewertet
➢ Nachfragen bei Verständnisproblemen
➢ zeitnahes Feedback
➢ Verwendung von Ich-Botschaften

2.2   Arbeitsrecht – Kündigung und Abmahnung

a)
➢ Nach Ablauf des Urlaubs fehlt der Mitarbeiter unentschuldigt
➢ Arbeitsverweigerung
➢ unbefugtes Verlassen des Arbeitsplatzes
➢ Verspätetes Erscheinen am Arbeitsplatz
➢ Sexuelle Belästigung am Arbeitsplatz
➢ Spesenbetrug
➢ Nichteinhaltung des Alkoholverbotes am Arbeitsplatz
➢ Nichtbeachtung von Arbeitsanweisungen
➢ Verletzung des Bankgeheimnisses

b)
Die Abmahnung ist die Aufforderung an den Arbeitnehmer, ein vertragswidriges Verhalten, das sowohl im Leistungsbereich als auch im persönlichen Vertrauensbereich liegen kann, abzustellen. Es erfolgt eine Androhung von weiteren Rechtsfolgen (z.B. Kündigung) im Wiederholungsfall.

Funktionen der Abmahnung:

➢ Dokumentationsfunktion: Sie hält das Fehlverhalten fest.
➢ Hinweisfunktion: Sie weist den Arbeitnehmer auf die Vertragswidrigkeit seines Verhaltens hin.
➢ Warnfunktion: Sie warnt den Arbeitnehmer, dass sein Verhalten im Wiederholungsfalle den Bestand des Arbeitsverhältnisses gefährdet.

Die Abmahnung bedarf nicht der Schriftform. Aufgrund der Funktionen der Abmahnung ist es zu empfehlen, die Abmahnung schriftlich auszusprechen.

2.3   Kostenrechnung

a) Plankostenverrechnungssatz:

> ➢ gesamte Plankosten bei Planbeschäftigung : Planbeschäftigung
> ➢ 108.000,00 EUR : 1800 Stunden = 60,00 EUR

b) Sollkosten:

> ➢ Plan-Fixkosten + (variable Plankosten * Istbeschäftigung) : Planbeschäftigung
> ➢ 45.000,00 EUR + (63.000,00 EUR * 1440 Std.) : 1800 Std. = 95.400,00 EUR

c) Beschäftigungsabweichung:

> ➢ Sollkosten – verrechnete Plankosten bei Istbeschäftigung
> ➢ 95.400,00 EUR – (60,00 EUR * 1440 Std.) = 9.000,00 EUR

d) Es liegt eine Ergebnisverschlechterung vor.

Die positive Beschäftigungsabweichung sagt aus, dass zu wenig Fixkosten verrechnet wurden, da die Ist-Beschäftigung geringer ist als die Plan-Beschäftigung.

e) Verbrauchsabweichung

> ➢ Ist-Kosten zu Planpreisen – Sollkosten
> ➢ 102.000,00 EUR – 95.400,00 EUR = 6.600,00 EUR

Auch hier liegt eine Ergebnisverschlechterung vor.
Eine positive Verbrauchsabweichung sagt aus, dass ein Mehrverbrauch an Produktionsfaktoren vorliegt.

f) 9.000,00 EUR + 6.600,00 EUR = 15.600,00 EUR Gesamtabweichung

2.4   Investitionsrechnung

a)

	Maschine A	Maschine B
kalkulatorische Abschreibung	21.645,00 EUR	16.533 33 EUR
kalkulatorische Zinsen	8.658,00 EUR	5.952,00 EUR

Fixkosten	2.756,00 EUR	2.756,00 EUR
Lohnkosten	32.877,00 EUR	45.110,00 EUR
Fertigungskosten	9.360,00 EUR	9.360,00 EUR
Energiekosten	1.950,00 EUR	1.950,00 EUR
	77.246,00 EUR	81.661,33 EUR

Die Ehlers-GmbH sollte Maschine A wählen.

b)

Erlöse Maschine A:	88.000,00 EUR
abzgl. Kosten A:	77.246,00 EUR
Gewinn:	10.754,00 EUR

Erlöse Maschine B:	100.000,00 EUR
abzgl. Kosten B:	81.661,33 EUR
Gewinn:	18.338,67 EUR

Die Ehlers-GmbH sollte Maschine B wählen.

c)
Vorteile:
➢ Der Informationsbedarf, der für eine Investitionsentscheidung benötigt wird, ist relativ gering. Somit ist auch der Aufwand geringer als bei den dynamischen Investitionsverfahren.
➢ Die statische Investitionsrechnung ist leicht zu handhaben und setzt keine hohen mathematischen Kenntnisse voraus.
➢ Die statische Investitionsrechnung ist eine kostengünstige Methode.

Nachteile:
➢ Zahlungen, die nicht zum gleichen Zeitpunkt realisiert werden, sind unterschiedlich viel wert. Der Zinseszinseffekt wird bei der statischen Investitionsrechnung nicht berücksichtigt.
➢ Die Bildung von Durchschnittswerten kann zu Verzerrungen führen.
➢ Bei der statischen Investitionsrechnung erfolgt eine stichtagsbezogene Betrachtung, d.h. Zeiträume bleiben unberücksichtigt. Es wird somit unterstellt, dass die ermittelten Aspekte für die gesamte Nutzungsdauer gelten.

2.5   Produktionsplanung

a)

Erlöse:	5.250.000,00 EUR
abzgl. Materialkosten:	1.750.000,00 EUR
abzgl. Fertigungskosten:	1.280.000,00 EUR
abzgl. Gehälter:	950.000,00 EUR
abzgl. sonstige Fixkosten:	525.000,00 EUR
	745.000,00 EUR

b)
> **Erlöse = Kosten**

35,00 EUR * x = 20,20 EUR * x + (950.000,00 EUR + 525.000,00 EUR)

14,80 EUR * x = 1.475.000,00 EUR

x = 99.662,16

Die Break-Even-Menge liegt bei 99.663 Stück

Hinweis:
variable Stückkosten

$$= \frac{(1.750.000,00\ EUR + 1.280.000,00\ EUR)}{150.000\ Stück} = 20,20\ EUR$$

> **99.663 Stück * 35,00 EUR = 3.488.205,00 EUR**

> $$\frac{(150.000\ Stück - 99.663\ Stück)}{150.000\ Stück} * 100 = 33,56\%$$

c) Lohnerhöhungen:

15% von 1.280.000,00 EUR = 192.000,00 EUR

neue variable Stückkosten:

$$= \frac{(1.750.000,00\ EUR + 1.280.000,00\ EUR + 192.000,00\ EUR)}{150.000\ Stück} = 21,48\ EUR$$

Gewinn = Erlöse – Kosten

Gewinn = Menge * Preis – (Fixkosten + variable Kosten)

745.000,00 EUR = x * 35,00 EUR – (1.475.000,00 EUR + 21,48 EUR * x)

745.000,00 EUR = 35,00 EUR * x – 1.475.000,00 EUR – 21,48 EUR * x

2.220.000,00 EUR = 13,52 EUR * x

x = 164.201,18 Stück

164.201,18 Stück abzgl. bestehende Produktion (150.000 Stück) = 14201,18 Stück

d) Gewinn = Erlöse – Kosten

745.000,00 EUR = 35,00 EUR * 165.000 Stk. – (20,20 EUR * 165.000 Stk. + K_{Fix})

745.000,00 EUR = 5.775.000,00 EUR – 3.333.000,00 EUR – K_{Fix}

K_{Fix} = 1.697.000 EUR (gesamte Fixkosten)

Bei bestehenden Fixkosten von 1.475.000,00 können max. 222.000,00 EUR weitere Fixkosten entstehen.

2.6   Leverage-Effekt

a)   Eigenkapitalrentabilität : $r_{EK} = r + (r - r_{FK}) * \dfrac{FK}{EK}$

r_{EK}	=	Eigenkapitalrentabilität
r	=	Gesamtkapitalrentabilität
FK : EK	=	Verschuldungsgrad

1.   14,00%
2.   16,14%
3.   17,33%
4.   42,33%

b)   Der Leverage-Effekt stellt eine Hebelwirkung dar.

Es ist eine Hebelwirkung der Fremdkapitalkosten auf die Eigenkapitalverzinsung/EK-Rentabilität.
Grund: Fremdkapital verursacht Zinsaufwand und Fremdkapital trägt gleichzeitig dazu bei, dass zusätzliche Erträge erzielt werden können.

Die Eigenkapitalrentabilität (r_{EK}) steigt mit einem zunehmenden Verschuldungsgrad an, sofern die Gesamtkapitalrentabilität (r) größer ist als der Fremdkapitalzins (r_{FK}).

Der positive Leverage-Effekt ist um so stärker

> ➤ je höher der Verschuldungsgrad ist und
> ➤ je größer die Differenz zwischen der Gesamtkapitalrentabilität und dem Fremdkapitalzinssatz ist.

Ein positiver Leverage-Effekt tritt ein, wenn die Rentabilität des Gesamtkapitals größer ist als der Fremdkapitalzins.

c)

Bei dem Leverage-Effekt werden verschiedene Annahmen unterstellt. Es wird davon ausgegangen, dass der Fremdkapitalzins unabhängig vom Verschuldungsgrad ist und dass das Fremdkapital erfolgsunabhängig zu bedienen ist.

In Wirklichkeit ist der Fremdkapitalzins nicht unabhängig vom Verschuldungsgrad. Je höher die Kreditaufnahme eines Unternehmens ist, desto geringer ist der Eigenkapitalanteil und desto geringer die Haftungsbasis.
Die Kreditvergabe an das Unternehmen sinkt oder die Kreditvergabe erfolgt nur zu einem höheren Zinssatz.
Es ist auch zu bedenken, dass die Reduzierung des Eigenkapitals nur eingeschränkt möglich ist. Auch die Annahme einer konstanten Gesamtkapitalrentabilität ist unrealistisch.
Insgesamt ergibt sich bei einer zusätzlichen Verschuldung eine Verschlechterung der Kapitalstrukturkennziffern.

3 Volkswirtschaft

3.1 Geldmarkt

a)

Zahlungsbemessungsfunktion:
Das Geld stellt ein Zahlungsmittel dar.
Das Geld wird beim Kauf und Verkauf von Waren und Dienstleistungen eingesetzt.
Ein Gütertausch wäre schwer durchsetzbar und vom Handling nicht problemlos.
Da das Geld beliebig teilbar ist, kommt es bei den Zahlungsvorgängen zu keinen
Tauschverlusten.

Wertaufbewahrungsfunktion:
Das Geld ist ein Mittel der Vermögensbildung.
Durch das Sparen von Geld können zu späterer Zeit Anschaffungen vorgenommen
werden. Die Kaufkraft des Geldes wird somit gelagert.

Recheneinheit:
Das Geld ist eine Recheneinheit für Preise, d.h. ein Wertmaßstab aller Güter.
Die Güter und Dienstleistungen werden mit Geld gemessen.

Wertübertragungsfunktion:
Neben der Wertaufbewahrung können mit Geld auch Werte übertragen werden.
Die Werte werden z.B. durch Erbschaft, Lohnzahlung und Schenkung übertragen.

b)

Transaktionsmotiv (Transaktionskasse):
Hierbei geht es um die Synchronisation von Ausgaben beim Kauf und Einnahmen
beim Verkauf. Die Wirtschaftssubjekte brauchen Geld (= Liquidität), um zahlungs-
fähig zu sein.
Die Transaktionskasse wird durch die Umlaufgeschwindigkeit des Geldes, dem
Preisniveau und dem realen Bruttoinlandsprodukt bestimmt.

➢ Fishersche Verkehrsgleichung: $M * V = Y_r * P$

Je höher das Bruttoinlandsprodukt bei gleichbleibender Umlaufgeschwindigkeit ist,
desto höher ist die Geldnachfrage.

$L_T = L_T (Y)$

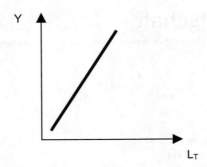

Spekulationsmotiv (Spekulationskasse):

Der zweite Bestimmungsgrund der Geldnachfrage ist die Spekulationskasse und das derzeitige Zinsniveau bzw. die Zinserwartungen.

Die Spekulationskasse ist abhängig vom Zinsniveau. Je höher der Zinssatz, desto geringer ist die Spekulationskasse und je niedriger der Zinssatz, desto höher ist die Spekulationskasse.

In einem niedrigen Zinsniveau wollen sich die Wirtschaftssubjekte nicht langfristig binden, da sie von steigenden Zinsen ausgehen. Würden sie sich in einem niedrigen Zinsniveau langfristig binden und würde dann das Zinsniveau steigen, so würden sie einen Zinsverlust erleiden.

Somit wird die Spekulationskasse vom Zinsniveau und den Anlagemotiven der Wirtschaftssubjekte bestimmt.

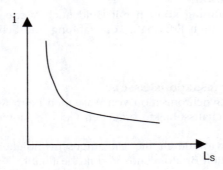

c)

Die Liquiditätsfalle ist die Erscheinung, dass Geld bei sinkenden Zinsen nicht für Investitionen verwendet wird.

Voraussetzung ist, dass sich das Geldangebot im horizontalen Bereich der Geldnachfragekurve bewegt (die Geldnachfrage ist vollkommen elastisch).

Wenn das Geldangebot steigt, dann steigt auch die Geldnachfrage; aber die Zinsen sinken nicht mehr (weiter), weil die Wirtschaftssubjekte das zusätzliche

Geldangebot aufnehmen und sofort als Liquidität halten. Die Wirtschaftssubjekte rechnen mit steigenden Zinsen und wollen sich daher bei einem niedrigen Zinsniveau nicht langfristig binden.

Ziel ist die Vermeidung von Kursverlusten; denn würden sich die Wirtschaftssubjekte bei einem niedrigen Zinsniveau langfristig binden und würde sich danach das Zinsniveau erhöhen, so entstehen Kursverluste.

Fazit:

Die Geldpolitik ist wirkungslos.

Wären Investitionen zinsabhängig, so würden sie trotz des niedrigen Zinsniveaus nicht durchgeführt werden.

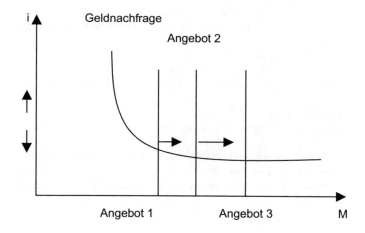

3.2   Sozialpolitik

a)

Umlagefinanzierung:

Die Finanzierung der sozialen Sicherung erfolgt durch laufende Einnahmen. Die laufenden Einnahmen sollen die fälligen Leistungen finanzieren. Somit werden die fälligen Leistungen aus dem laufenden Inlandsprodukt finanziert.

Die Beitragszahler verzichten zugunsten der Bezieher von Sozialleistungen auf den eigenen Konsum.

Der Beitragszahler erwirbt durch seine Zahlung einen Anspruch auf Leistung im Fall seiner eigenen Bedürftigkeit (z.B. Alter, Arbeitslosigkeit und Krankheit).

Kapitaldeckungsverfahren:
Beim Kapitaldeckungsverfahren werden die Beiträge angespart (Kapitalstock) und am Kapitalmarkt verzinslich angelegt.
Aus den Erträgen und aus dem Kapitalstock werden die Ansprüche der Versicherten gedeckt.

b)
Rentenversicherung:
➢ Demographische Veränderungen:
  Durch demographische Veränderungen erhöht sich die demographische Last.
  ♦ längere Lebenserwartung und somit längere Rentenbezugsdauer
  ♦ Überalterung der Bevölkerung
  ♦ die zukünftige Generation schrumpft
  ♦ sinkendes Renteneintrittsalter belastet die Rentenversicherung

➢ ungünstige Wirtschaftsentwicklung
  ♦ Rezessionen und Arbeitslosigkeit
  ♦ bei Arbeitslosigkeit sinken die Einnahmen der Rentenversicherungsträger

Krankenversicherung:
Auch die Krankenversicherungen sind von den demographischen Veränderungen betroffen.
Es werden immer weniger Beitragszahler, obwohl die Nachfrage nach Gesundheitsleistungen steigt. Der technische Fortschritt erhöht die Kosten im Gesundheitswesen. Ärzte haben sich einen „Maschinenpark" geschaffen, der finanziert werden muss.

3.3   Wirtschaftsordnung

a)
Allokationsproblem:
Das Problem besteht darin, die Güter nach der relativen Dringlichkeit der Bedürfnisse zu produzieren. Der Grundgedanke ist ein bedarfsgerechter und effizienter Einsatz der Ressourcen. Zur Allokation bzw. zum Allokationsproblem gehört die Frage, welche Güter wie und in welchen Mengen produziert werden sollen. Zu dem Allokationsproblem gehören auch das Informations- und Motivationsproblem. Hier stellt sich nämlich die Frage, wie das Wirtschaftssubjekt Informationen über Güter und Produktionsfaktoren erhält bzw. über welche Mittel Leistungen honoriert bzw. fehlende Leistungen sanktioniert werden.

Stabilisierungsproblem:
Das Problem besteht darin, dass sich eine Volkswirtschaft nicht immer kontinuierlich und stabil entwickelt. Gesamtwirtschaftliche und strukturelle Krisen sind zu verhindern.

Distributionsproblem:

Eine Marktwirtschaft wird nicht akzeptiert, wenn sie als „ungerecht" und „unsozial" empfunden wird. Ziel ist die Korrektur der Primärverteilung von Einkommen, Vermögen und Gütern.

Die Ergebnisse müssen gerecht verteilt werden und ein soziales Netz geschaffen werden.

Hierbei stellt sich die Frage, wer die Aufgabe der Verteilung übernimmt. Auch die Art der Verteilung muss betrachtet werden. Erfolgt die Verteilung nach der Leistung, nach Bedarf oder nach Gleichheit?

b)

	Sozialistische Zentralverwaltungs-wirtschaft	Kapitalistische Marktwirtschaft
Merkmal	➤ Kollektivismus Die Gesellschaft steht an erster Stelle. Sie dominiert über dem Einzelnen.	➤ Liberalismus Das Individuum steht im Vordergrund. Es dominiert über die Gesellschaft.
Allokation / Koordination	Zentrale Planung und Entscheidung durch die Planungsbehörde, die einen zentralen Produktionsplan aufstellt. Sie bestimmt das Produktionssoll und überwacht die Planvorschriften. Die Koordination erfolgt durch Zuteilung.	Dezentrale Planung und Entscheidung durch Unternehmen und Haushalte, die unabhängig voneinander ihre Pläne aufstellen. Die Koordination erfolgt über den Markt mit Hilfe des Preises. Hier treffen Angebot und Nachfrage aufeinander.
Ziele	Planerfüllung	Gewinnmaximierung bzw. Nutzenmaximierung
Einfluss bzw. Aufgabe des Staates	Der Staat hat die Planungsfunktion für den Konsum und die Produktion. Der Staat ist die Planungsbehörde.	Der Staat setzt nur die Regeln. Die Aufgabe des Staates ist die Sicherung der Freiheit und der Individualität. Der Staat greift aber nicht in das Marktgeschehen ein (Nachtwächterstaat).

3.4   Außenhandel

a)

Unterschiedliche Produktionsmöglichkeiten:
Unterschiedliche Produktionsmöglichkeiten der Länder führen zum Außenhandel.
Hierbei sind zwei Unterkategorien zu unterscheiden:

➢ unterschiedliche Kosten für Güter und Produktionsfaktoren
   Aufgrund unterschiedlicher Produktionskosten werden Preisunterschiede hervorgerufen. Das ist auch der Grund, warum sich der Außenhandel lohnt.
   Durch den Außenhandel können Kostenvorteile genutzt werden. Hierbei ist
   zwischen den absoluten und komparativen Kostenvorteilen zu unterscheiden.

   Absolute Kostenvorteile:
   ◆ Die absoluten Produktionskosten werden verglichen.
   ◆ Der Außenhandel ist vorteilhaft, wenn die absoluten Produktionskosten
      unterschiedlich sind.
   ◆ Jedes Land soll die Güter herstellen, die es billiger als andere Länder her-
      stellen kann.

   Komparative Kostenvorteile:
   ◆ Es werden die relativen Produktionskosten verglichen.
   ◆ Kostenvorteile entstehen durch unterschiedliche Arbeitsproduktivitäten.

➢ unterschiedliche Verfügbarkeit von Gütern und Produktionsfaktoren
   Die Verfügbarkeit der Güter wird durch folgende Faktoren bestimmt:
   ◆ klimatische oder geologische Bedingungen,
   ◆ Know-how und
   ◆ Arbeitskräfte und Sachkapital.

Da bestimmte Güter nicht überall vorhanden sind, müssen diese gehandelt werden.

Unterschiedliche Nachfragepräferenzen:
Handel entsteht durch unterschiedliche Nachfragepräferenzen und Nachfra-
gestrukturen. Produktdifferenzierungen und verschiedene Produkteigenschaften
führen dazu, dass ein Land alleine nicht mehr in der Lage ist, alle Konsumwünsche
zu erfüllen.

b)
➢ Staatseingriffe verringern den internationalen Wettbewerb und die internatio-
   nale Wettbewerbsfähigkeit.
➢ Staatseingriffe verringern den Wohlstand.
➢ Staatseingriffe führen zu einer ineffizienten Verwendung der Ressourcen, d.h.
   Freihandel sorgt für eine bessere Allokation der Produktionsfaktoren.

➤ Nicht mehr effiziente und wettbewerbsfähige Unternehmen werden durch Staatseingriffe künstlich „am Leben" gehalten.

➤ Für den Verbraucher bedeutet der Freihandel, dass ihm eine größere Angebotsvielfalt zu einem niedrigeren Preis geboten wird.

c)

Ziele:

Durch die Erhebung eines Importzolls sollen die Importe gedrosselt werden. Zölle stellen Einnahmen für den Staat dar und sollen zur Erhaltung der Arbeitsplätze beitragen. Durch die Erhebung eines Importzolls werden Preiserhöhungsspielräume für die inländischen Anbieter geschaffen. Der Importzoll trägt zum Schutz der heimischen Anbieter bei. Das ausländische Angebot wird verteuert.
Ein weiteres Ziel ist die Verbesserung einer defizitären Handelsbilanz.

Auswirkungen:

➤ Allgemein:
  ◆ Jede Mengeneinheit verteuert sich um einen bestimmten Zollbetrag.
  ◆ Die Angebotskurve verschiebt sich nach links.
  ◆ Die Angebotsmenge nimmt ab (= Mengeneffekt).
  ◆ Der Preis steigt (= Preiseffekt).

➤ Einkommensumverteilung:
  ◆ Im Inland kommt es zu einer Einkommensumverteilung.
  ◆ Produzenten werden begünstigt.
  ◆ Konsumenten werden benachteiligt, da sie nicht mehr auf die günstigeren Importe ausweichen können.

➤ Staatseinnahmen:
  ◆ Zölle stellen eine Steuereinnahme des Staates dar.
  ◆ Die Finanzierung erfolgt durch inländische Konsumenten und durch ausländische Anbieter, da diese geringere Gewinne erzielen.

3.5 Güter

a)

➤ **Sättigungsgüter:**

Die Nachfrage nimmt bei steigendem Einkommen absolut zu, aber der Anteil an den Gesamtausgaben nimmt ab.

> **superiore Güter:**

Superiore Güter sind Güter, bei denen die Nachfrage durch steigendes Einkommen überproportional zunimmt. Die Nachfrage nimmt absolut zu, und der Anteil an den Gesamtausgaben steigt.

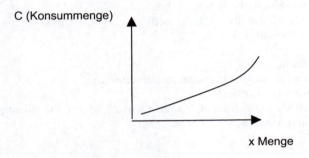

> **inferiore Güter:**

Inferiore Güter sind Güter, bei denen die Nachfrage zugunsten höherwertigeren Gütern abnimmt.

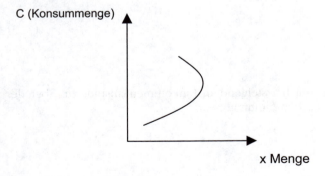

b)

Bei Giffen-Gütern führt eine Preiserhöhung zur Steigerung der Nachfrage.
Zum Beispiel steigt der Brotverbrauch bei armen Familien, wenn der Brotpreis steigt.
Höherwertige Güter werden zugunsten inferiorer Güter substituiert.
Die Konsumenten können sich das superiore Gut nicht leisten, da es zu teuer ist.
Sie weichen auf das inferiore Gut aus, obwohl sich dies relativ stärker verteuert hat.
Giffen-Güter müssen absolut inferior sein, der Einkommenseffekt muss größer als der Substitutionseffekt sein und es muss immer eine inverse Nachfragekurve vorliegen.

3.6 Wettbewerb

a)

➤ **Steuerungsfunktion:**
Sicherstellung, dass das Angebot den Bedürfnisseen der Nachfrager entspricht.

➤ **Allokationsfunktion:**
Ziel ist es, die Güter nach der relativen Dringlichkeit der Bedürfnisse herzustellen.

- ◆ Effizienter Einsatz der Produktionsfaktoren.
- ◆ Bedarfsgerechte Produktion, d.h. was der Markt braucht.
- ◆ Lenkung der Produktionsfaktoren (was, wie viel und wie).

➤ **Innovationsfunktion:**
Wer das Risiko eingeht um einen technischen Fortschritt zu bestreiten, wird oft mit Gewinnen belohnt.

➤ **Anpassungsfunktion:**
Unternehmen müssen sich schnell den Rahmenbedingungen anpassen.

➤ **Anreizfunktion:**
Bei Leistung winkt Gewinn, bei Nicht-Leistung drohen Verluste bzw. Marktausschluss.

➤ **Kontrollfunktion:**
Der Wettbewerb soll die wirtschaftliche Macht von Großunternehmen begrenzen.

➤ **Verteilungsfunktion:**
Wettbewerb sorgt für Verteilung der Einkommen entsprechend der Leistung der Marktteilnehmer.

b)

Der Wettbewerb läuft nach dem dynamischen Wettbewerbsprozess ab.

Innovationen sorgen für Pioniergewinne mit zeitlich begrenzter Monopolstellung.

Nach einer gewissen Zeit treten Imitatoren auf den Markt und bauen den Gewinn und die Monopolstellung des Pionierunternehmers ab.

Dieser Prozess wiederholt sich permanent, so dass es zu einem Wechselspiel von Vorstoß und Nachstoß kommt.

In der Marktform des weiten Oligopols funktioniert dieser Prozess am besten. Im Polypol fehlen Innovationsanreize und es fehlen die finanziellen Mittel.

4 Recht

4.1 Sachenrecht (mobil) – Eigentum

Es ist zu prüfen, ob Frau Anders Eigentümerin des DVD-Players geworden ist.

Ursprünglich war Herr Koch der Eigentümer des DVD-Players.
Es könnte sein, dass er das Eigentum an Herrn Peters übertragen hat. Das ist nicht der Fall, denn zwischen Herrn Koch und Herrn Peters besteht ein Leihvertrag. Bei der Leihe ist Herr Peters nur unmittelbarer Besitzer geworden. Das Eigentum wurde nicht übertragen.

Es könnte aber sein, dass Herr Koch das Eigentum an Herrn Nieder übertragen hat. Zwischen Herrn Koch und Herrn Nieder besteht jedoch keine Einigung über den Eigentumsübergang.
Auch Herr Peters hat kein Eigentum an Herrn Nieder übertragen. Dieser hat ihn nur ermächtigt, das Gerät zu verkaufen.
Es könnte jedoch sein, dass Frau Anders Eigentümerin geworden ist. Eine Einigung zwischen ihr und Herrn Koch liegt nicht vor. Eventuell ist die Eigentumsübertragung durch Herrn Nieder erfolgt.
Eine Einigung und Übergabe nach § 929 Satz 1 BGB liegen vor. Jedoch handelte Herr Nieder nicht als Berechtigter, denn er ist nicht Eigentümer geworden und auch nicht von dem Eigentümer (Herrn Koch) ermächtigt worden (§ 185 Abs. 1 BGB).
Somit könnte Frau Anders nur gutgläubig Eigentum erworben haben.
Die entsprechenden Voraussetzungen hierfür sind zu prüfen.:

➢ Einigung und Übergabe nach § 929 Satz 1 BGB in Verbindung mit § 932 Abs. 1 Satz 1 BGB
➢ Nichtberechtigung des Herrn Nieder
➢ Guter Glaube nach § 932 Abs. 1 und Abs. 2 BGB.

Die ersten beiden Voraussetzungen sind erfüllt. Frau Anders hält Herrn Nieder aber nicht für den Eigentümer. Nach dem BGB wird nur der Gute Glaube an das Eigentum geschützt.

Fazit:
Da der Gute Glaube auf die Eigentümerstellung des Veräußerers nicht vorliegt, ist weiterhin Herr Koch Eigentümer des DVD-Players.

4.2   Erbrecht – Testament und Erbengemeinschaft

a)

Peter könnte einen Anspruch auf Auszahlung des Guthabens aus dem Sparvertrag (§ 952 BGB) aufgrund der Gesamtrechtsnachfolge (Gläubigerwechsel – Grundsatz der Universalsukzession) nach § 1922 BGB gegenüber der Landbank eG haben.

Voraussetzung ist, dass sein Anspruch entstanden ist. Hierzu müsste er Gläubiger, d.h. Erbe geworden sein.

Es liegt eine gewillkürte Erbfolge vor, da ein Testament vorhanden ist. Das Testament ist formgerecht und nicht widerrufen worden.

Inhalt des Testaments: Nach § 1939 BGB in Verbindung mit § 2087 Abs. 2 BGB liegt ein Vermächtnis vor.

Somit ist Peter nicht als Erbe anzusehen. Peter hat daher einen schuldrechtlichen Anspruch gegen die Erben nach § 2174 BGB.

Fazit:

Peter hat keinen Anspruch auf Auszahlung des Guthabens aus dem Sparvertrag (§ 952 BGB). Er ist nicht Gläubiger (Erbe) geworden.

b) Abwandlung:

Peter könnte den Verkauf der Wertpapiere von der Landbank eG im Wege der Gesamtrechtsnachfolge nach § 1922 BGB verlangen.

Voraussetzung ist, dass Peter Erbe geworden ist.

Es liegt eine gewillkürte Erbfolge vor. Da Inge verstorben ist, tritt ihr Sohn (Peter) an ihre Stelle und ist somit zusammen mit Marie Erbe (§ 1924 Abs. 3 BGB). Um den Verkaufsauftrag wirksam erteilen zu können, müsste er sich als Erbe legitimieren können. Vorausgesetzt er kann dies, z.B. durch den Erbschein, so hat er einen Anspruch gemäß § 1922 BGB auf den Verkauf der Wertpapiere im Wege der Gesamtrechtsnachfolge.

Jedoch könnte Peter in seinem alleinigen Handeln eingeschränkt sein. Nach § 2032 Abs. 1 BGB bildet er zusammen mit Marie eine Erbengemeinschaft (Gesamthandgemeinschaft).

Nach § 2040 BGB können die Erben über Nachlassgegenstände nur gemeinschaftlich verfügen.

Fazit:

Da eine Erbengemeinschaft besteht hat Peter keinen alleinigen Anspruch auf den Verkauf der Wertpapiere.

4.3 Kreditsicherheit - Bürgschaft

Die Dortmunder-Privatbank könnte einen Anspruch gegen Frau Schnack auf Zahlung von 210.000,00 EUR aus der Bürgschaft nach § 765 Abs. 1 BGB haben.

Voraussetzung ist, dass der Anspruch der Bank entstanden ist.
Zur Entstehung der Bürgschaft sind zwei übereinstimmende und rechtswirksame Willenserklärungen notwendig. Bei Abschluss des Bürgschaftsvertrages liegen zwei übereinstimmende Willenserklärungen vor. Neben der wirksamen Hauptschuld muss auch die Einigung über die Bürgschaft wirksam sein. Die notwendigen Formvorschriften nach § 766 BGB wurden eingehalten.
Es könnte aber sein, dass Frau Schnack Einwendungen aus der Bürgschaft geltend machen kann. Nach § 138 BGB ist die Bürgschaft von einkommens- und vermögenslosen Angehörigen sittenwidrig, wenn folgende Tatbestände vorliegen.
Es muss ein persönliches Näheverhältnis zum Bürgen bzw. Kreditnehmer bestehen und es muss ein verwerfliches Verhalten der Bank oder eine wirtschaftliche Sinnlosigkeit vorliegen.
Das persönliche Näheverhältnis der Frau Schnack ist gegeben, denn sie ist die Ehefrau des Kreditnehmers. Es besteht daher die Vermutung, dass sie nicht objektiv handelt und sich von ihren Gefühlen leiten lässt.
Ein verwerfliches Verhalten der Bank ist nicht zu erkennen. Es könnte aber eine wirtschaftliche Sinnlosigkeit der Bürgschaft vorliegen. Die Sinnlosigkeit ist gegeben, wenn der Bürge bei Inanspruchnahme krass finanziell überfordert wird und in eine ausweglose Lage gerät und die Bank kein eigenes schutzwürdiges und berechtigtes Interesse an der Bürgschaft hat.
Die Sinnlosigkeit wird vermutet, wenn der Bürge aus seinem pfändbaren Einkommen nicht einmal die Zinsen der von ihm verbürgten Hauptschuld zahlen kann.
Da Frau Schnack kein eigenes Einkommen besitzt, ist der Tatbestand der wirtschaftlichen Sinnlosigkeit gegeben.

Fazit:
Die Dortmunder-Privatbank hat keinen Anspruch gegen Frau Schnack auf Zahlung von 210.000,00 EUR aus § 765 Abs. 1 BGB. Die Bürgschaft ist nach § 138 BGB sittenwidrig und damit nichtig.

4.4 Grundstücksrecht

Ursprünglich war Frau Möller als Eigentümerin im Grundbuch eingetragen. Es ist zu prüfen, ob sie wirksam Eigentum an Herrn Beyer übertragen hat.
Die notwendige Einigung und Eintragung nach §§ 873, 925 BGB sind erfolgt. Ferner müsste Frau Möller die Berechtigte sein. Auch diese Voraussetzung ist erfüllt, denn

Frau Möller ist als Eigentümerin im Grundbuch eingetragen.

Es könnte jedoch sein, dass die Einigung aufgrund der geistigen Krankheit des Herrn Beyer nichtig ist.

Die Einigung nach § 925 Abs. 1 BGB ist nach § 105 Abs. 1 BGB nichtig, da sich Herr Beyer nach § 104 Nr. 2 BGB in einer Störung der Geistestätigkeit befindet.

Da keine wirksame Einigung vorliegt, kann Herr Beyer nicht wirksam Eigentümer geworden sein.

Es ist zu prüfen, ob Herr Först Eigentum von Herrn Beyer erworben hat. Es wurde jedoch festgestellt, dass Herr Beyer kein Eigentum erworben hat.

Somit kommt hier nur ein Eigentumserwerb von einem Nichtberechtigen in Frage. Dies ist zu prüfen.

Folgende Voraussetzungen müssten hierzu erfüllt sein:

- ➢ Einigung über den Eigentumserwerb nach §§ 873, 925 BGB
- ➢ Eintragung in das Grundbuch
- ➢ Herr Beyer müsste als Nichtberechtigter handeln.
- ➢ Es muss ein Verkehrsgeschäft vorliegen.
- ➢ Das Grundbuch muss unrichtig sein (§ 892 BGB).
- ➢ Herr Först muss gutgläubig handeln (§ 892 BGB, d.h. er darf keine positive Kenntnis der Nichtberechtigung des Herrn Beyer haben).
- ➢ Im Grundbuch darf keine Widerspruchseintragung vorhanden sein (§ 892 BGB).

Da alle Voraussetzungen erfüllt sind, hat Herr Först Eigentum von einem Nichtberechtigten gemäß §§ 892, 873, 925 BGB erworben.

4.5   Darlehensvertrag

Die Nordostbank AG könnte einen Anspruch auf Zinszahlung in Höhe von 9,0% p.a. von Herrn Beyer aus dem Darlehensvertrag gemäß § 488 Abs. 1 Satz 2 BGB haben.

Voraussetzung ist, dass der Anspruch entstanden ist.

Es liegen Antrag und Annahme vor, so dass eine Einigung vorliegt. Somit ist ein Darlehensvertrag zwischen der Nordostbank AG und Herrn Beyer geschlossen worden.

Es könnte aber sein, dass der Vertrag nichtig ist.

Hierzu ist zu prüfen, ob es sich um ein Verbraucherdarlehen handelt. Nach § 491 Abs. 1 BGB liegt ein Verbraucherdarlehen vor.

Dieser Vertrag bedarf nach § 492 BGB der Schriftform und er muss die in § 492 Abs. 1 Satz 5 BGB genannten Mindestinhalte aufweisen.

Nach § 494 Abs. 1 BGB ist ein Verbraucherdarlehensvertrag unwirksam, wenn eine Angabe des § 492 Abs. 1 Satz 5 Nr. 1 – 6 BGB fehlt.

Es könnte jedoch sein, dass der Vertrag trotz des Mangels wirksam ist, denn die Auszahlung des Geldbetrages ist bereits erfolgt. Laut § 494 Abs. 2 BGB wird der Mangel mit Auszahlung geheilt. Somit liegt ein wirksamer Darlehensvertrag vor.

Da jedoch die Angabe des Effektivzinses fehlt, reduziert sich der zu zahlende Zins nach § 494 Abs. 2 BGB auf den gesetzlichen Zins (§ 246 BGB) von 4% p.a.

Fazit:
Es liegt ein rechtswirksamer Verbraucherdarlehensvertrag vor, der Herrn Beyer verpflichtet 4% p.a. Zinsen zu zahlen.

4.6 Zwangsvollstreckung

Die Ehefrau S könnte einen Anspruch auf Wiedergutschrift gegenüber der Sparkasse aus dem Girovertrag haben.

Vorab ist zu prüfen, ob durch die Zahlung der Sparkasse an den G die Schuld der Sparkasse erloschen ist.

Bei einem Gemeinschaftskonto mit Einzelverfügungsberechtigung hat jeder Kontoinhaber einen Anspruch auf Auszahlung des gesamten Guthabens. Dieses ist auch pfändbar.
Die Kontoinhaber sind Gesamtgläubiger nach § 428 BGB.
Der Pfandgläubiger tritt an die Stelle des „schuldenden" Kontoinhabers.

Der Pfändungs- und Überweisungsbeschluss ist gemäß §§ 135, 136 BGB ein Verfügungsverbot zugunsten des Gläubigers.

Somit hatte die Zahlung der Sparkasse eine befreiende Wirkung.

Fazit:
Die Ehefrau S hat keinen Anspruch auf Wiedergutschrift gegenüber der Sparkasse aus dem Girovertrag.

PRÜFUNGSSATZ II

1 Allgemeine Bankbetriebswirtschaft

Bearbeitungszeit 120 Minuten, 100 Punkte

1.1 Eigenmittel und Solvabilitätsverordnung

a)
Ermitteln Sie anhand der nachstehenden Angaben bei der Südbank AG folgende Größen:

> ➢ das Kernkapital und das Ergänzungskapital,
> ➢ das haftende Eigenkapital,
> ➢ das modifizierte, verfügbare Eigenkapital,
> ➢ die Eigenmittel nach KWG sowie die anrechenbaren Eigenmittel für Solvenzzwecke und
> ➢ die Gesamtkennziffer.

<u>Hinweise:</u>
Die Rücklagen nach § 6b EStG sind noch nicht gewichtet.
Die Südbank AG betreibt bei den Genussrechten und längerfristigen Nachrangverbindlichkeiten Marktpflege:

> ➢ bei den Genussrechten 1,0 Mio. EUR und
> ➢ bei den längerfristigen Nachrangverbindlichkeiten 3,0 Mio. EUR.

Die Wertpapiere der Anlagebuchposition werden am letzten Bilanzstichtag mit einem Wert von 290 Mio. EUR ausgewiesen. Der Wert der Wertpapiere zum Meldestichtag beträgt 340 Mio. EUR.

Ferner sind folgende Positionen vorhanden:

	Mio. EUR
gezeichnetes Kapital inkl. Vorzugsaktien	90,0
Rücklagen	470,0
eigene Aktien im Bestand	1,5
Vermögenseinlagen stiller Gesellschafter	15,0
Sonderposten nach § 340g HGB	20,0
immaterielle Vermögensgegenstände	8,9
Vorzugsaktien mit Nachzahlungsverpflichtung	35,0

Vorsorgereserven nach § 340f HGB	10,0
Rücklagen nach § 6b EstG	10,0
nicht realisierte Reserven (noch zu ermitteln)	
Genussrechte (ohne Marktpflege)	220,0
längerfristige Nachrangverbindlichkeiten	240,0
kurzfristige Nachrangverbindlichkeiten	105,0
Nettogewinn	8,0
risikogewichtete KSA-Positionswerte	11.375,0
Anrechnungsbetrag für operationelle Risiken	50,0
Anrechnungsbeträge aus Marktrisikopositionen und Optionsgeschäften	150,0

b)
Zur Reduzierung der risikogewichteten KSA-Positionswerte plant die Südbank AG
eine Asset-Backed-Security-Transaktion (True-Sale) durchzuführen. Beschreiben Sie
das Wesen einer solchen Transaktion.

1.2   Bankpolitik und Bilanzpolitik

Die Bankpolitik umfasst alle Maßnahmen, um die gesetzten Ziele bei Eeachtung
von internen und externen Beschränkungen zu erreichen.
Ein Instrument der Bankpolitik ist u.a. die Rentabilitätssteuerung. In diesem Zusammenhang lassen sich verschiedene Kennzahlen ermitteln.

a)   Erklären Sie folgende Begriffe:

   ➢   Aufwandsrentabilität und
   ➢   Cost-Income-Ratio.

b)   Zur Messung des Aktienkursrisikos wird u.a. auch der „value-at-risk" herange-
     zogen. Erläutern Sie, was der value-at-risk bedeutet und nennen Sie zwei Fak-
     toren, die den value-at-risk beeinflussen.

c)   Zeigen Sie auf, wie sich der value-at-risk jeweils verändert.

   ➢   Die Volatilität der gehaltenen Aktie sinkt.
   ➢   Die Haltedauer wird von 2 Tagen auf 8 Tage erhöht.
   ➢   Das Rating der Bank, die die Aktien hält, hat sich verändert.
   ➢   Das Konfidenzniveau wird von 95% auf 97% erhöht.

1.3   Marktzinsmethode

Es werden Ihnen die Daten der Bilanz (Aktiv- und Passivseite) der Mittelholstein AG vorgelegt.

a) Ermitteln Sie den Zinskonditionenbeitrag und Zinskonditionenmarge Aktiv und Passiv.
b) Ermitteln Sie den Fristentransformationsbeitrag (Strukturbeitrag).
c) Erläutern Sie das Grundkonzept der Marktzinsmethode.
d) Beschreiben Sie je vier Vor- und Nachteile der Marktzinsmethode.

Aktivseite der Bilanz:

	Volumen in Mio. EUR	Zinssatz	Marktzins
liquide Mittel	250,0	0,00%	
Forderungen an Kunden			
a) kurzfristig 3 Monate	450,0	5,50%	
b) mittelfristig variabel 5 Jahre	700,0	7,50%	
festverzinsliche Wertpapiere	600,0	4,50%	
	2.000,0		

Passivseite der Bilanz:

	Volumen in Mio. EUR	Zinssatz	Marktzins
Verbindlichkeiten KI (3 Monate)	500,0	4,10%	
Sichteinlagen	200,0	0,50%	
befristete Einlagen (5 Jahre)	700,0	4,30%	
Spareinlagen	400,0	3,00%	
Eigenkapital	200,0	0,00%	
	2.000,0		

Hinweise:
Die Zinsanpassung bei den variablen Kundenforderungen erfolgt alle 6 Monate.
Bei den festverzinslichen Wertpapieren und den Spareinlagen ist der Refinanzierungssatz von 5 Jahren zu wählen.

Marktkonditionen:

Tagesgeldsatz	4,70%
3-Monats-Satz	4,60%
6-Monats-Satz	4,50%
1 Jahr	4,40%
5 Jahre	5,10%
10 Jahre	5,30%

1.4   Bilanzierung und Bewertung von Finanzinnovationen

Finanzinstrumente wie z.B. Swaps, Termingeschäfte und Optionsgeschäfte gewinnen in der Bankenlandschaft immer mehr an Bedeutung.
Einerseits dienen sie zur Absicherung gegen Wertverluste und andererseits werden sie aus spekulativen Zwecken gehalten.
Auch die Südbank AG ist im Bereich Finanzinstrumente tätig.

Erläutern Sie dem Vorstand, wie die Bilanzierung und Bewertung von Finanzinstrumenten zu erfolgen hat. Betrachten Sie hierbei folgende Finanzinnovationen:

a) Swapgeschäfte
b) Termingeschäfte
c) Optionen

Unterscheiden Sie bei Ihrer Ausführung nach HGB und IFRS/IAS.

1.5   Haftsummenzuschlag

Zeigen Sie allgemein auf, wie der Haftsummenzuschlag bei Kreditgenossenschaften ermittelt wird.

a) Genossenschaftsbanken mit unbeschränkter Nachschusspflicht
b) Genossenschaftsbanken mit beschränkter Nachschusspflicht

Ermitteln Sie bei der Nord-Volksbank eG die Höhe des Haftsummenzuschlags.
Es handelt sich bei der Nord-Volksbank eG um eine Genossenschaft mit unbeschränkter Nachschusspflicht.

> ➤ Ergebnisrücklagen: 15,0 Mio. EUR
> ➤ Geschäftsanteile: 58,0 Mio. EUR
> ➤ Geschäftsguthaben: 54,0 Mio. EUR

1.6   Bewertung von Wertpapieren

Die Westbank AG hat am 31.12.2006 die nachstehenden Wertpapiere im Bestand.

a) Die Westbank AG möchte für das Geschäftsjahr 2006 einen hohen Gewinn ausweisen. Ferner möchte sie ihre Wertpapiere weiterhin im Bestand halten und nicht verkaufen. Die Westbank AG bilanziert nach den HGB-Vorschriften. Ermitteln Sie die Kurse/Kurswerte der einzelnen Wertpapiere unter Beachtung der genannten Kriterien.

b) Wie sind die Wertpapiere, die die Westbank AG im Bestand hält, nach IAS zu bewerten?

	Name	Nennwert in Mio. EUR / Stück	Anschaffungskurs	Ansatz in der Bilanz 2005	Kurs am 31.12.2006
Anlagevermögen	M-Anleihe	44,0	100%	100%	96%
Handelsbestand	L-Anleihe	70,0	97%	96%	92%
Handelsbestand	Nord AG Aktien	30.000	50,00 EUR	47,00 EUR	53,00 EUR

2 Betriebswirtschaft

Bearbeitungszeit 120 Minuten, 100 Punkte

2.1 Personalauswahl – Assessment-Center

Die Personalauswahl erfolgte bei der Top-Bank AG immer über einen Bewerbertest mit einem anschließenden Vorstellungsgespräch des Bewerbers.
In diesem Jahr hat sich die Bank dazu entschlossen, das „Assessment-Center" anzuwenden.

a) Erläutern Sie, was unter einem Assessment-Center-Verfahren zu verstehen ist.

b) Nennen Sie drei verschiedene Übungen innerhalb eines Assessment-Centers und die dabei zu erfassenden Kriterien bezüglich eines Anforderungsprofils.

2.2 Tarifrecht

Das Recht, Tarifverträge abzuschließen haben nur die Arbeitgeber- und Arbeitnehmerverbände.

a) Beschreiben Sie die Voraussetzungen der Tariffähigkeit im Sinne des Artikels 9 Abs. 3 GG (Grundgesetz).

b) Nennen und beschreiben Sie fünf Tarifgrundsätze.

2.3 Jahresabschlussanalyse – Cash-Flow

Im Rahmen der Jahresabschlussanalyse liegen Ihnen von der Kunert GmbH folgende Angaben zum 31.12.2007 vor:

Bilanzgewinn	420.000,00 EUR
Rücklagen am 31.12.2006	720.000,00 EUR
Rücklagen am 31.12.2007	624.000,00 EUR

Abschreibungen auf Anlagevermögen	98.000,00 EUR
langfr. Rückstellungen am 31.12.2006	540.000,00 EUR
langfr. Rückstellungen am 31.12.2007	624.000,00 EUR
Steuererstattung aus dem Jahr 2005	10.000,00 EUR
Verlust bei einem Abgang einer Maschine	6.500,00 EUR
auszuschüttende Dividende 2007	337.500,00 EUR

a) Erläutern Sie den Begriff „Cashflow".
b) Errechnen Sie den Brutto- und den Netto-Cashflow.
c) Beurteilen Sie kritisch die Aussagekraft der errechneten Kennzahl.

2.4   Firmenwert

Die Klein-GmbH wird von der Groß-GmbH käuflich erworben.

Die Groß-GmbH zahlt hierfür 430 Mio. EUR

Vor der Übernahme durch die Groß-GmbH sieht die Bilanz der Klein-GmbH wie folgt aus (Angaben in Mio. EUR):

Bilanz der Klein-GmbH			
Aktivseite			**Passivseite**
Anlagevermögen	550	Eigenkapital	400
Umlaufvermögen	370	Fremdkapital	520
Bilanzsumme	**920**	**Bilanzsumme**	**920**

a) Berechnen Sie einen möglichen derivativen Firmenwert.

b) Erläutern Sie, wie ein derivativer Firmenwert handelsrechtlich und steuerrechtlich zu bewerten ist.

c) Vor dem Kauf hat die Groß-GmbH eine Unternehmensbewertung für die Klein-GmbH durchführen lassen.

   ➢ Erläutern Sie drei Funktionen der Unternehmensbewertung.
   ➢ Nennen Sie fünf Gegebenheiten, die zu einer Unternehmensbewertung führen.

2.5 Kostenrechnung

a) Die Kostenträgerstückrechnung ermittelt die Kosten eines Kostenträgers. In Abhängigkeit des Fertigungstyps können verschiedene Arten der Kostenträgerstückrechnung unterschieden werden. Bei der Massenfertigung wird das Divisionskalkulationsverfahren angewandt.

   ➢ Beschreiben Sie die einstufige Divisionskalkulation,
   ➢ die zweistufige Divisionskalkulation und
   ➢ die mehrstufige Divisionskalkulation.

b) In der Teilkostenrechnung werden variable und fixe Kosten unterschieden. Zur Ermittlung der variablen und fixen Kosten wird eine Kostenaufspaltung (Kostenauflösung) vorgenommen.
   Beschreiben Sie die drei Ihnen bekannten Verfahren.

c) Die Kapazitäten eines Herstellers zur Produktion von Stühlen liegen bei 30.000 Stück. Bei einer Produktion von 24.000 Stück hat er Gesamtkosten in Höhe von 1.477.500,00 EUR. Die Gesamtkosten bei 26.250 Stück liegen bei 1.594.500,00 EUR. Der Stuhl wird zu einem Preis von 120,00 EUR angeboten.

   ➢ Berechnen Sie die variablen Kosten je Stuhl.
   ➢ Bestimmen Sie die monatlichen Fixkosten des Herstellers.
   ➢ Bei welcher Produktions- und Absatzmenge erreicht der Hersteller die Gewinnschwelle?

d) Erklären Sie im Rahmen der Kostenrechnung folgende Begriffe:

   ➢ Fixkosten und variable Kosten
   ➢ Einzelkosten und Gemeinkosten
   ➢ Grundkosten und Zusatzkosten
   ➢ Primäre und sekundäre Gemeinkosten

2.6   Finanzierung - Zinsberechnung

a)   Ihnen wird eine Industrieanleihe mit folgenden Bedingungen angeboten.

Ausgabekurs	95%
Nominalzins	8%
Laufzeit (Jahre)	6
Rücknahmekurs	100%

Berechnen Sie den Effektivzins der Industrieanleihe.

b)   Ein Käufer hat eine Rechnung über 15.000,00 Euro zu begleichen. Die Zahlungsbedingungen des Lieferanten lauten: „Abzug von 2% Skonto bei Zahlung innerhalb von 10 Tagen, Zahlung netto nach 30 Tagen".

➢   Ist für den Käufer die Inanspruchnahme eines Kredits zu 9% p.a. vorteilhaft und in welcher Höhe ergibt sich ein Finanzierungsgewinn?
➢   Wie hoch ist der Zins des Lieferantenkredites?

3 Volkswirtschaft

Bearbeitungszeit 120 Minuten, 100 Punkte

3.1 Finanzpolitik

Die Finanzpolitik hat den zielgerichteten qualitativen und quantitativen Einsatz der Einnahmen und Ausgaben zur Aufgabe.
Die Staatsquote hat sich in den letzten Jahrzehnten erheblich erhöht.

a) Erläutern Sie fünf Ursachen für die hohen Staatsausgaben/hohe Staatsquote.

b) Zeigen Sie institutionelle und ökonomische Grenzen der Verschuldung auf.

3.2 Inflation

Neben drei anderen Zielen gehört die „Preisniveaustabilität" mit zu den Zielen des Stabilitäts- und Wachstumsgesetzes. Das Nicht-Erreichen des Ziels bedeutet, dass Inflation vorliegt. Eine Inflation hat verschiedene Auswirkungen.

a) Stellen Sie insgesamt vier negative Auswirkungen der Inflation dar.

b) Zur Messung der Inflation wird ein Warenkorb herangezogen.
   Nennen Sie fünf Probleme, die bei der Inflationsmessung nach dem Preisindex der Lebenshaltung (Warenkorb) entstehen.

c) Ihnen wird der Verbraucherpreisindex aus Juli 2006 und Juli 2007 gegeben.
   Berechnen Sie die prozentuale Veränderung von Juli 2006 bis Juli 2007.

Jahr	Juli 2006	Juli 2007
Preisindex: (2005 = 100)	103,5	105,3

3.3   Volkswirtschaftliche Gesamtrechnung

a) Erläutern Sie den Unterschied zwischen dem Bruttoinlandsprodukt und dem
    Bruttonationaleinkommen.

b) Die volkswirtschaftliche Gesamtrechnung stellt Ihnen folgende Werte in Mrd.
    EUR zur Verfügung.

Subventionen für Unternehmen	50
Unternehmens- und Vermögenseinkommen	600
indirekte Steuern	375
Bruttoanlageinvestitionen	850
Abschreibungen	370
Staatskonsum/Staatsverbrauch	650
Außenbeitrag zum BIP	150
privater Konsum	3000
Saldo der Primäreinkommen	-35

Berechnen Sie anhand der Daten folgende Werte:

➢ Volkseinkommen
➢ Bruttonationaleinkommen zu Marktpreisen
➢ Nettonationaleinkommen zu Marktpreisen
➢ Bruttoinlandsprodukt zu Marktpreisen

3.4   Geldmenge

a) Definieren Sie die Geldmenge M3 sowie die Geldbasis.

b) Erläutern Sie, von welchen Faktoren die Geldschöpfung in einer Volkswirt-
    schaft abhängt.

3.5   Wechselkurse

Im Jahresverlauf 2007 hat der Euro gegenüber dem Dollar erheblich an Wert gewonnen. Zwischenzeitlich lag der Kurs bei 1,4967 EUR/US$.

a) Erläutern Sie zwei Auswirkungen, die durch den starken Euro hervorgerufen werden.

b) Trotz des starken Euros werden keine Gefahren für die heimische Wirtschaft gesehen. Erläutern Sie dieses Argument anhand dreier Beispiele.

3.6   Beschäftigungspolitik

Zum Abbau der Arbeitslosigkeit werden verschiedene Reformen diskutiert. Neben der Verlängerung der Arbeitszeiten bei unveränderten Löhnen wird auch das Modell der Arbeitszeitverkürzung mit Lohnanpassung erörtert.

a) Beschreiben Sie das Ziel sowie die verbundenen Probleme bei einer Arbeitszeitverkürzung mit Lohnanpassung.

b) Die Arbeitslosigkeit bringt negative Auswirkungen mit sich. Beschreiben Sie zwei dieser Auswirkungen.

c) Beschreiben Sie kurz den Unterschied zwischen gesamtwirtschaftlicher und teilwirtschaftlicher Arbeitslosigkeit. Im zweiten Teil beschreiben Sie bitte für den Bereich der gesamtwirtschaftlichen Arbeitslosigkeit insgesamt drei Arten in Abhängigkeit von der Zeitdauer der Arbeitslosigkeit.

4 Recht

Bearbeitungszeit 120 Minuten, 100 Punkte

4.1 Kreditsicherheit - Abtretung

Der Kaufmann K hat gegen die Spiel-GmbH eine Forderung aus einem Kaufvertrag. In den AGB der Spiel-GmbH ist eine Klausel enthalten, die die Abtretungen von Kaufpreisforderungen ausschließt (Abtretungsverbot). K tritt die Forderung am 01.03.2007 an die W-Sparkasse ab. Ferner tritt er die gleiche Forderung am 03.04.2007 an die X-Volksbank ab. Beide Banken schreiben die Spiel-GmbH an und bitten um Kenntnisnahme und um Zustimmung der Abtretung. Die Spiel-GmbH stimmt am 17.04.2007 der Abtretung an die X-Volksbank und am 24.07.2007 auch der Abtretung an die W-Sparkasse zu.

Erläutern Sie, wer Inhaber der Forderung ist.

4.2 Handelsrecht

P, der im Handelsregister als Prokurist der Schick-GmbH eingetragen ist, nimmt am 11.06.2007 ein Darlehen im Namen der Schick-GmbH bei der Sparkasse auf. Der Darlehensbetrag in Höhe von 550.000,00 EUR wird ausgezahlt und P verwendet ihn für eigene Zwecke. Schließlich taucht er unter und niemand weiß, wo er sich befindet.
Der Sparkasse war am 11.06.2007 nicht bekannt, dass der Geschäftsführer der Schick-GmbH die Prokura des P am 10.05.2007 widerrufen hatte.
Der Widerruf wurde am 12.07.2007 in das Handelsregister eingetragen.
Bereits am 01.08.2007 ist die erste Darlehensrate fällig. Die Schick-GmbH weigert sich jedoch an die Sparkasse zu leisten. Sie beruft sich darauf, dass P bei Vertragsabschluss nicht mehr Prokurist gewesen ist.

Wie beurteilen Sie das Vorgehen der GmbH?

4.3   Kreditsicherheit - Grundschuld

Der Spediteur Delfs hat sich einen neuen LKW gekauft. Da er den Kaufpreis nicht
in voller Höhe begleichen konnte, wurde ein Eigentumsvorbehalt vereinbart.
Bevor der LKW zum Einsatz kommt, bringt Herr Delfs ihn auf sein Betriebsgrundstück. Eine Woche später bestellt Delfs der Nordbank AG eine Grundschuld an
dem Betriebsgrundstück.

Erläutern Sie, ob sich die Grundschuld auch auf den LKW erstreckt.

4.4   Familienrecht

Herr Grube möchte bei seiner Hausbank, der Süd-Sparkasse, einen Kredit aufneh-
men. Ohne die Stellung von Sicherheiten ist die Bank hierzu nicht bereit. Herr
Grube selber besitzt keine Vermögenswerte, die als Sicherheit dienen können.
Sein Sohn Andreas hat von seiner Großmutter eine größeren Geldbetrag zu seinem
14. Geburtstag erhalten, der auf einem Sparkonto bei der Süd-Sparkasse angelegt
worden ist. Dieses Sparguthaben möchte Herr Grube als Sicherheit stellen. Die
Verpfändungserklärung wird von beiden gesetzlichen Vertretern (Herr und Frau
Grube) unterschrieben. Der Bankberater ist sich jedoch unsicher, ob die Forderung
gegenüber Herrn Grube wirklich abgesichert ist.

Was meinen Sie?

4.5   Verbundene Geschäfte

Herr Frick hat sich ein neues Fahrzeug gekauft. Der Kaufpreis in Höhe von
22.000,00 Euro soll durch die Auto-Bank finanziert werden. Am 01.10.2007 unter-
schreibt Frick den Kaufvertrag sowie den Darlehensvertrag bei dem Autohändler.
Nach Unterschrift erhält er die Schlüssel ausgehändigt und Frick kann mit dem
Fahrzeug vom Hof fahren. Der Kaufpreis wird direkt von der Auto-Bank an den
Händler ausgezahlt.
Bereits nach 3 Tagen treten die ersten Mängel am Fahrzeug auf. Zwei Mal versucht
die Werkstatt, die Mängel zu beseitigen. Frick ist daher mit dem Fahrzeug nicht
mehr zufrieden und gibt den Wagen an den Händler zurück. Auch die Darlehensraten an die Bank stellt er ein. Die Auto-Bank ist der Ansicht, dass Frick weiterhin
seine Raten zahlen muss.

Was meinen Sie?

4.6 Kreditsicherheit - Sicherungsübereignung

Der vermögende Herbert Kleine hat seinem Nachbarn, Herrn Meier, zum Erwerb eines Lastkraftwagens ein Darlehen in Höhe von 65.000,00 EUR gewährt. Zur Absicherung des Kredits wurde der LKW sicherungsübereignet. Zusätzlich bestand er darauf, dass die Mutter des Herrn Meier eine Bürgschaft in Höhe von 65.000,00 EUR übernimmt.

Nach 9 Monaten tritt er seine Darlehensforderung gegen Herrn Meier an seinen Schwager Felix ab. Herr Meier wird von der Abtretung informiert und leistet zukünftig Zins- und Tilgungszahlungen an den neuen Gläubiger.

Herr Meier, dessen Geschäft immer schlechter läuft, stellt schließlich die Zahlungen ein. Felix versucht nun die einst gestellten Sicherheiten zu verwerten.

Beurteilen Sie, aus welchen Sicherheiten er sich befriedigen kann.

LÖSUNGSHINWEISE
PRÜFUNGSSATZ II

Allgemeine Bankbetriebswirtschaft

1.1 Eigenmittel und Solvabilitätsverordnung

a)

Kernkapital:

	gezeichnetes Kapital inkl. Vorzugsaktien	90,0
+	Rücklagen	470,0
-	Vorzugsaktien	35,0
-	eigene Aktien im Bestand	1,5
+	Vermögenseinlagen stiller Gesellschafter	15,0
+	Sonderposten nach § 340g HGB	20,0
-	immaterielle Vermögenswerte	8,9
		549,6

Ergänzungskapital:

	Vorsorgereserven nach § 340f HGB	10,0
+	Vorzugsaktien	35,0
+	Rücklagen nach § 6b EStG	4,5
+	nicht realisierte Reserven (Summe)	22,5
+	Genussrechtskapital abzgl. Marktpflege	219,0
=	Ergänzungskapital 1. Klasse	291,0

Stille Reserven werden nur anerkannt, wenn der Kernkapitalkoeffizient mindestens 4,4% des 12,5-Fachen des Gesamtanrechnungsbetrages für Adressrisiken (hier gleich den risikogewichteten KSA-Positionswerten) entspricht.

Max. werden 1,4% des 12,5-Fachen des Gesamtanrechnungsbetrages für Adressrisiken (hier gleich den risikogewichteten KSA-Positionswerten) als stille Reserven anerkannt.

Kernkapital:		549,6
risikogewichtete KSA-Positionswerte:		11.375,0
Der Kernkapitalkoeffizient beträgt:	4,83%	

1,4% der risikogewichteten KSA-Positionswerte entsprechen:	159,3
vorhandene stille Reserven:	
Börsenwert am Meldestichtag:	340,0
Buchwert gem. letztem Jahresabschluss:	290,0
stille Reserve: 340,0 – 290,0 =	50,0
davon 45%	**22,5**

längerfristige Nachrangverbindlichkeiten abzgl. Marktpflege	237,0
= Ergänzungskapital 2. Klasse	237,0
max. jedoch 50% des Kernkapitals	237,0
Differenz für Drittrangmittel:	0,0

Ergänzungskapital 1. Klasse	291,0
+ Ergänzungskapital 2. Klasse (evtl. gekappt)	237,0
= Ergänzungskapital:	528,0
max. in Höhe des Kernkapitals	528,0
Differenz für Drittrangmittel:	0,0

Kernkapital	549,6
+ Ergänzungskapital	528,0
haftendes Eigenkapital:	**1.077,6**

Da keine weiteren Abzugs- und Unterlegungstatbestände vorhanden sind, entspricht das haftende Eigenkapital dem modifizierten, verfügbaren Eigenkapital.

vorhandene Drittrangmittel:

	kurzfristige Nachrangverbindlichkeiten	105,0
+	Nettogewinn	8,0
+	überschüssiges Ergänzungskapital 2. Klasse	0,0
+	gekapptes Ergänzungskapital	0,0
=	vorhandene Drittrangmittel:	113,0

Ergänzungskapital: 528,0

gebundenes Ergänzungskapital (max. 4% der risikogewich-   480,0
teten KSA-Positionswerte zzgl. max. 50% des Anrechnungs-
betrages für operationelle Risiken):

freies Ergänzungskapital   48,0

Kernkapital: 549,6

gebundenes Ergänzungskapital (min. 4% der risikogewichte-   480,0
ten KSA-Positionswerte zzgl. max. 50% des Anrechnungsbe-
trages für operationelle Risiken):

freies Kernkapital   69,6

anrechenbare Drittrangmittel:

2,5-Fache des freien Kernkapitals abzgl. freies Ergänzungskapital   126,0

max. jedoch nur vorhandene Drittrangmittel   113,0

Eigenmittel nach KWG:

	haftendes Eigenkapital	1.077,6
+	anrechenbare Drittrangmittel	113,0
	Eigenmittel nach KWG:	1.190,6

anrechenbare Eigenmittel für Solvenzzwecke:

modifiziertes, verfügbares Eigenkapital; hier gleich dem haften-   1.077,60
den Eigenkapital

genutzte, verfügbare Drittrangmittel – max. 5/7 der Anrech-   107,14
nungsbeträge für Marktrisikopositionen inkl. Optionsgeschäfte

anrechenbare Eigenmittel für Solvenzzwecke: **1.184,74**

Gesamtkennziffer:

anrechenbare Eigenmittel (1.184,74)   x 100

12,5-Fache der Anrechnungsbeträge für Adressrisiken, opera-
tionelle Risiken und Marktrisikopositionen inkl. Optionsge-   **8,54%**
schäfte (13.875)

b)

Bei einer Asset-Backed-Security-Transaktion (True-Sale) werden Kreditforderungen
der Südbank AG an eine Zweckgesellschaft (Special Purpose Vehicle) verkauft.
Diese Zweckgesellschaft refinanziert sich durch die Ausgabe von Anleihen. Der
Zinssatz der Anleihen hängt von dem eingegangenen Kreditrisiko ab. Die Zah-
lungsansprüche der Investoren (Anleger) werden durch die Zins- und Tilgungsleistungen der ursprünglichen Forderungen bedient.
Durch eine Asset-Backed-Security-Transaktion werden Kreditforderungen handel-
bar gemacht. Die Risikoaktiva der Südbank AG vermindert sich, so dass sich eine
verbesserte Gesamtkennziffer ergibt. Die durch den Verkauf der Forderung erhalte-
ne Liquidität kann risikoarm und zinsbringend angelegt werden.

1.2 Bankpolitik und Bilanzpolitik

a)

➢ Die Aufwandsrentabilität ist die Ertragskraft der investierten Betriebskosten (Bruttoertragsspanne : Bruttobedarfsspanne). Je größer die Kennzahl ist, desto besser ist es.

Mit 1,00 EUR Aufwand werden ... EUR Ertrag erzielt.

➢ Das Cost-Income-Ratio spiegelt die Aufwands-Ertragsrelation von Banken wider. Die Verwaltungsaufwendungen werden in das Verhältnis zum Bruttoertrag gesetzt (Bruttobedarfsspanne : Bruttoertragsspanne). Die Kennzahl gibt Auskunft über die quantitative Effizienz von Banken.
Je geringer das Cost-Income-Ratio ist, umso effizienter wirtschaftet die Bank.

Für 1,00 EUR Ertrag sind ... EUR Aufwand nötig .

b)

Der value-at-risk ist der Maximalverlust bei einer vorgegebenen Wahrscheinlichkeit (Konfidenzniveau) innerhalb eines bestimmten Zeitraums (Haltedauer).

Faktoren:
➢ Haltedauer
Es ist der Zeitraum, für den der maximale Verlust berechnet wird.
Je größer die Haltedauer, desto größer das Verlustrisiko.

➢ Konfidenzniveau
Je höher das Konfidenzniveau (Sicherheitsniveau), desto höher ist auch der maximale Verlust.

c)

➢ Der value-at-risk sinkt.
➢ Der value-at-risk steigt.
➢ Der value-at-risk verändert sich nicht.
➢ Der value-at-risk steigt.

1.3 Marktzinsmethode

a) + b)

Aktivseite der Bilanz:

	Volumen in Mio. EUR	Zinssatz	Marktzins
Liquide Mittel	250,00	0,00%	0,00%
Forderungen an Kunden			
a) kurzfristig 3 Monate	450,00	5,50%	4,60%
b) mittelfristig variabel 5 Jahre	700,00	7,50%	4,50%
festverzinsliche Wertpapiere	600,00	4,50%	5,10%
Summe:	2.000,00		

	Volumen in Mio. EUR	Zinsertrag	Ertrag Marktzins
Liquide Mittel	250,00	0,00	0,00
Forderungen an Kunden			
a) kurzfristig 3 Monate	450,00	24,75	20,70
b) mittelfristig variabel 5 Jahre	700,00	52,5	31,50
festverzinsliche Wertpapiere	600,00	27,00	30,60
Summen:	2.000,00	104,25	82,80

Zinskonditionenbeitrag Aktiv: 21,45

Zinskonditionenmarge Aktiv: 1,07%

Passivseite der Bilanz:

	Volumen in Mio. EUR	Zinssatz	Marktzins
Verbindlichkeiten KI (3 Monate)	500,00	4,10%	4,60%
Sichteinlagen	200,00	0,50%	4,70%
befristete Einlagen 5 Jahre	700,00	4,30%	5,10%
Spareinlagen	400,00	3,00%	5,10%
Eigenkapital	200,00	0,00%	0,00%
Summe:	2.000,00		

	Volumen in Mio. EUR	Zinsaufwand	Aufwand Marktzins
Verbindlichkeiten KI (3 Monate)	500,00	20,50	23,00
Sichteinlagen	200,00	1,00	9,40
befristete Einlagen 5 Jahre	700,00	31,10	35,70
Spareinlagen	400,00	12,00	20,40
Eigenkapital	200,00	0,00	0,00
Summen:	2.000,00	63,60	88,50

Zinskonditionenbeitrag Passiv:	24,90
Zinskonditionenmarge Passiv:	1,25%

Zinskonditionenbeitrag gesamt:	46,35
Zinskonditionenmarge gesamt:	2,32%

Zinsertrag:	104,25
Zinsaufwand:	63,60
Zinsüberschuss:	40,65
Bruttozinsspanne:	2,03%

Strukturbeitrag:

Zinsüberschuss	40,65
abzgl. Zinskonditionsbeitrag gesamt	46,35
Strukturbeitrag:	-5,70
Strukturmarge:	-0,29%

c)

Die Marktzinsmethode ist ein Kalkulationsverfahren zur Ermittlung der Bruttozinsspanne.
Es ist ein wirkungsvolles Instrument zur Steuerung der Aktivitäten im Wertbereich insbesondere im Kundengeschäft.

Grundkonzept der Marktzinsmethode:

1. Trennung von Aktiv- und Passivgeschäften, d.h. Aktiv- und Passivgeschäfte werden unabhängig voneinander kalkuliert und bewertet.

2. Opportunitätskostenprinzip:
    Das Kundengeschäft (Kundenzins oder auch Positionszins genannt) wird mit einem alternativen, risikolosen und fristengleichen Interbankengeschäft am Geld- oder Kapitalmarkt verglichen (gleiche Laufzeit bzw. gleiche Zinsbindungsdauer).

    Das Kundengeschäft sollte für die Bank vorteilhafter sein:

    ➤ bei Aktivgeschäften:
      Kundenzins > Marktzins (GKMZ) für Aktivgeschäfte = mehr Ertrag
    ➤ bei Passivgeschäften:
      Marktzins (GKMZ) für Passivgeschäfte > Kundenzins = weniger Aufwand

3. Vollkommenheit des Geld- und Kapitalmarktes (GKM):

    ➤ Annahme, dass immer ein Referenzzinssatz am GKM mit gleicher Zinsbindung existiert.

    ➤ Annahme, dass GKM-Geschäfte ohne Volumenbeschränkung möglich sind.

4. Die Marktzinsmethode zerlegt das Zinsergebnis (Zinsspanne) in den Konditionsbeitrag Aktiv, den Zinskonditionsbeitrag Passiv und in den Strukturbeitrag/Fristentransformationsbeitrag.

    Konditionsbeiträge sind den Vertriebseinheiten („Profit-Center") zuzuordnen. Es erfolgt ein Vergleich zwischen dem Kundengeschäft und dem GKM-Geschäft. Es ist der Erfolgsbeitrag, der durch alternative Mittelbeschaffung und alternative Mittelverwendung entsteht.

Der Strukturbeitrag ist unabhängig vom Kundengeschäft. Er ist das Ergebnis unterschiedlicher Zinsbindungsfristen → „aus kurz mach lang". Der Strukturbeitrag ist der zentralen Banksteuerung (Treasury) zuzurechnen.

d)

Vorteile	Nachteile
➢ Die Marktzinsmethode verwendet „neutrale Messgrößen" (Orientierung an Zinssätzen des Geld- und Kapitalmarktes).	➢ Es ist eine stichtagsbezogene Betrachtung, d.h. Zeiträume bleiben unberücksichtigt und es erfolgt eine Zusammenfassung/Periodisierung von Stromgrößen.
➢ Es erfolgt keine willkürliche Zuordnung wie bei der Schichtenbilanz.	➢ Es ist eine reine Margenbetrachtung.
➢ Die Marktzinsmethode ermöglicht eine wirkungsvolle Steuerung der Aktivitäten im Wertebereich.	➢ Die Marktzinsmethode vermischt Bestands- und Neugeschäfte.
➢ Trennung zwischen Aktiv- und Passivgeschäften, d.h. beide Geschäfte können unabhängig voneinander kalkuliert und bewertet werden.	➢ Wiederanlagen von Zins- und Tilgungsleistungen werden nicht berücksichtigt.
	➢ Die Bestimmung des Opportunitätszinssatzes bei variablen Geschäften ist nicht eindeutig.
➢ Zerlegung des Zinsergebnisses in die 3 Ergebnisquellen	
➢ Zinskonditionsbeitrag Aktiv	➢ Die Unvollkommenheit des Geld- und Kapitalmarktes wird nicht berücksichtigt, d.h. es wird angenommen, dass alle Geschäfte am Geld- und Kapitalmarkt ohne Beschränkungen möglich sind.
➢ Zinskonditionsbeitrag Passiv	
➢ Strukturbeitrag.	

1.4 Bilanzierung und Bewertung von Finanzinnovationen

Swapgeschäfte:
HGB:
➢ Es erfolgt keine Bilanzierung.
➢ Nicht realisierte Verluste müssen berücksichtigt werden (Risikovorsorge erfolgt durch Bildung von Rückstellungen).

➢ Kein Ausweis eines nicht realisierten Gewinns.
➢ Bei einem Zinsswap fließen die Zinserträge und Zinsaufwendungen in die Gewinn- und Verlustrechnung.

IFRS / IAS:
➢ Es erfolgt keine Bilanzierung.
➢ Grundlage der Bewertung ist das Mark-to-Market-Prinzip.
➢ Verluste und Gewinne sind erfolgswirksam zu erfassen.

Termingeschäfte:

HGB:
➢ Es erfolgt keine Bilanzierung.
➢ Nicht realisierte Verluste müssen berücksichtigt werden (Risikovorsorge erfolgt
    durch Bildung von Rückstellungen).
➢ Kein Ausweis eines nicht realisierten Gewinns.

IFRS / IAS:
➢ Termingeschäfte werden als finanzieller Vermögensgegenstand oder als finanzielle Verbindlichkeit bilanziert.

Optionen:

HGB:
➢ Die Option an sich wird nicht bilanziert.
➢ Es erfolgt eine Bilanzierung des Optionspreises.

Kauf einer Kaufoption	Verkauf einer Kaufoption
➢ Aktivierung des Optionspreises unter sonstigen Vermögensgegenständen ➢ Ausübung: Aktivierung der Anschaffungskosten (= Basispreis zzgl. Optionspreis) ➢ Keine Ausübung: Abschreibung des Optionspreises	➢ Passivierung des Optionspreises unter sonstigen Verbindlichkeiten ➢ Ausübung: Erhöhung des Verkaufserlöses ➢ Keine Ausübung: Optionspreis wird als Ertrag vereinnahmt
Kauf einer Verkaufsoption	**Verkauf einer Verkaufsoption**
➢ Aktivierung des Optionspreises unter sonstigen Vermögensgegenständen ➢ Ausübung: Minderung des Verkaufserlöses ➢ Keine Ausübung: Abschreibung des Optionspreises	➢ Passivierung des Optionspreises unter sonstigen Verbindlichkeiten ➢ Ausübung: Minderung der Anschaffungskosten (= Basispreis abzgl. Optionspreis) ➢ Keine Ausübung: Optionspreis wird als Ertrag vereinnahmt

IFRS / IAS:
➢ Optionen werden als finanzieller Vermögensgegenstand oder als finanzielle Verbindlichkeit bilanziert.

1.5 Haftsummenzuschlag

a)
Geschäftsanteile * 2 = Haftsummenzuschlag

aber max.

	Geschäftsguthaben
-	Kapital der ausscheidenden Mitglieder
+	Rücklagen
=	eingezahltes Kapital

eingezahltes Kapital * 25% = anrechenbarer Haftsummenzuschlag

b)
Haftsumme * 75% = Haftsummenzuschlag

aber max.

	Geschäftsguthaben
-	Kapital der ausscheidenden Mitglieder
+	Rücklagen
=	eingezahltes Kapital

eingezahltes Kapital * 25% = anrechenbarer Haftsummenzuschlag

c)
Geschäftsanteile * 2 = Haftsummenzuschlag
58,0 Mio. EUR * 2 = 116,0 Mio. EUR

aber max.

	Geschäftsguthaben	54,0 Mio. EUR
-	Kapital der ausscheidenden Mitglieder	0,0 Mio. EUR
+	Rücklagen	15,0 Mio. EUR
=	eingezahltes Kapital	69,0 Mio. EUR

anrechenbarer Haftsummenzuschlag: 69 Mio. EUR * 25% = 17,25 Mio. EUR

1.6   Bewertung von Wertpapieren

a)

Anlagevermögen (M-Anleihe):
Der Wertansatz erfolgt zu 100,0% (Nennwert 44,0 Mio. EUR * 100,0% = 44,0 Mio. EUR).
Beim Anlagevermögen ist das gemilderte Niederstwertprinzip anzuwenden, d.h.
Abschreibungen müssen nur bei dauerhafter Wertminderung erfolgen.

Handelsbestand (L-Anleihe):
Die L-Anleihe sollte in das Anlagevermögen umgewidmet werden. Mit dieser Maß-
nahme lassen sich die Abschreibungen, die aufgrund des strengen Niederstwert-
prinzips notwendig wären, vermeiden. Beim Anlagevermögen ist das gemilderte
Niederstwertprinzip anzuwenden. Somit kann der Wertansatz zu 96,0% (Nennwert
70,0 Mio. EUR * 96,0% = 67,2 Mio. EUR) erfolgen. Voraussetzung ist, dass keine dau-
erhafte Wertminderung vorliegt.

Handelsbestand (Nord AG Aktien):
Bei den Nord AG Aktien muss eine Wertaufholung erfolgen. Die Anschaffungskosten gelten als Bewertungsobergrenze. Der Wertansatz muss mit 50,00 EUR je Aktie
erfolgen. Gesamtbestand: 30.000 Stück x 50,00 EUR = 1,5 Mio. EUR.

b)

Die Wertpapiere des Anlagevermögens können der Kategorie „Held to Maturity" (=
Vermögenswerte, die bis zum Verfall gehalten werden) oder der Kategorie „Available for Sale" (= Vermögenswerte, die für unbestimmte Zeit gehalten werden) zugeordnet werden.
Bei „Held to Maturity" erfolgt die Bewertung zu fortgeführten Anschaffungskosten.
Die M-Anleihe wäre demnach zu 100% zu bewerten.
Bei „Available for Sale" erfolgt eine Fair-Value-Betrachtung. Die M-Anleihe wäre
demnach zu 96,0% zu bewerten. Eine negative Neubewertungsrücklage ist zu bilden.

Die Wertpapiere des Handelsbestandes werden der „Finanzaktiva" zugeordnet und
zum „Fair Value" (= Financial Instruments at Fair Value) bewertet. Die Bewertung
erfolgt nach der mark-to-market-Methode.

Die L-Anleihe ist zu 92,0% zu bewerten (Nennwert 70,0 Mio. EUR x 92,0% = 64,4
Mio. EUR). Die Nord AG Aktien sind mit 53,00 EUR zu bewerten. Gesamtbestand:
30.000 Stück x 53,00 EUR = 1,59 Mio. EUR

2 Betriebswirtschaft

2.1 Personalauswahl – Assessment-Center

a)

Das Assessment-Center-Verfahren ist ein Verfahren zur Personalauswahl, zur Personalentwicklung und zur Berufs- und Ausbildungsberatung
Ziel ist die Überprüfung der Eignung für bestimmte Positionen.
Es ist ein Beurteilungsverfahren. Die beruflichen Fähigkeiten und Entwicklungspotenziale der Teilnehmer sollen ermittelt werden. Verhaltensausprägungen der Bewerber werden beobachtet, beschrieben und beurteilt. Die Teilnehmer werden mit realitätsnahen und problembezogenen Situationen (= Simulation von Arbeitssituationen) konfrontiert.
Das Assessment-Center-Verfahren stellt ein komplexes Auswahlverfahren sowie eine Arbeitsprobe des Bewerbers dar.
Der Teilnehmer muss eine Mehrzahl von Übungen erledigen, die sich auf vorher festgelegte Anforderungen beziehen.

b)

➢ **Selbst-Darstellung und Interview:**
Kriterien:
- Flexibilität
- mündlicher Ausdruck und mündliche Präsentation
- ziel- und verhaltensbezogene Kommunikation

➢ **Postkorb-Übung:**
Kriterien:
- logisches Denken
- Planung und Organisation
- Stress-Toleranz

➢ **Referat:**
Kriterien:
- mündlicher Ausdruck und mündliche Präsentation
- Stress-Toleranz
- Ausdrucksfähigkeit

2.2   Tarifrecht

a)
Die Koalition muss folgende Merkmale aufweisen:

➢ Freiwilliger Zusammenschluss auf privatrechtlicher Basis.
➢ Der Zusammenschluss muss auf eine gewisse Dauer ausgerichtet sein.
➢ Ziel ist die Wahrung und Förderung der Arbeits- und Wirtschaftsbedingungen.
➢ Die Vereinigung muss von „sozialen Gegenspielern" sowie vom Staat, Kirche und Parteien frei sein.
➢ Die Vereinigung muss überbetrieblich sein.
➢ Arbeitnehmerverbände müssen über eine gewisse Durchsetzungsfähigkeit verfügen.

b)
1. Tariffähigkeit:
    Das Recht, Tarifverträge abzuschließen, haben i.d.R. nur die Arbeitgeber- und Arbeitnehmerverbände bzw. einzelne große Unternehmen.

2. Tarifgebundenheit:
    Die Tarifvertragsparteien und ihre Mitglieder sind an die im Tarifvertrag vereinbarten Bestimmungen gebunden. Die Tarifgebundenheit bleibt so lange bestehen, bis der Tarifvertrag endet.

3. Erfüllungspflicht:
    Die Verpflichtungen müssen erfüllt werden.

4. Friedenspflicht:
    Es dürfen keine Arbeitskampfmaßnahmen während der Laufzeit (Gültigkeit) des Tarifvertrages erfolgen. Wird diese Pflicht durchbrochen, können Schadensersatzansprüche geltend gemacht werden.

5. Schriftform des Tarifvertrags:
    Sie müssen schriftlich abgeschlossen und in das Tarifregister eingetragen werden.

2.3   Jahresabschlussanalyse – Cash-Flow

a)
Der Cashflow ist der Nettozugang an finanziellen Mitteln aus der Umsatztätigkeit und den sonstigen laufenden Aktivitäten innerhalb einer bestimmten Periode (meist ein Jahr).

Oder anders:
Der Cashflow ist der Einzahlungsüberschuss/Finanzierungsüberschuss aus betrieblichen Ein- und Auszahlungen.

Oder:
Es ist die Summe aller bereinigten Gewinne, Abschreibungen und Rückstellungszuführungen je Periode
Der Cashflow ist eine wirtschaftliche Messgröße und zeigt den finanzwirtschaftlichen Überschuss eines Unternehmens. Er ist eine Größe für das Selbstfinanzierungspotenzial eines Unternehmens.
Der Cashflow wird in verschiedenen Bereichen angewandt:

➢ bei der Beurteilung der Innenfinanzierung des Unternehmens,
➢ bei der langfristigen Finanzplanung,
➢ bei Ermittlung des dynamischen Verschuldungsgrades und
➢ bei der Aktienanalyse.

b)

Bilanzgewinn am 31.12.2007:	**420.000,00 EUR**
+ Bildung von Rücklagen	0,00 EUR
- Auflösung von Rücklagen	96.000,00 EUR
= Jahresüberschuss	**324.000,00 EUR**
+ a.o. Aufwand	6.500,00 EUR
- a.o. Ertrag	10.000,00 EUR
= bereinigter Jahresüberschuss	**320.500,00 EUR**
+ Abschreibung auf Sachanlagen	98.000,00 EUR
+ Zuführung zu langfristigen Rückstellungen	84.000,00 EUR
= Brutto-Cashflow	**502.500,00 EUR**
- Dividende	337.500,00 EUR
= Netto-Cashflow	**165.000,00 EUR**

c)
Der Cashflow hat wie jede Kennzahl bei der Jahresabschlussanalyse Vor- und Nachteile.
Der Cashflow wird in der Literatur unterschiedlich definiert. Es gibt verschiedene Berechnungsarten, von denen aber keine gesetzlich vorgeschrieben ist.
Bei abschreibungsintensiven Unternehmen erhält man keine vergleichbaren Informationen für andere Unternehmen.
Häufig wird unterstellt, der Cashflow sei in die „Kasse" geflossen, so dass der Cashflow ein Maßstab für die Liquidität darstellt. Er ist jedoch als Liquiditätsmaßstab ungeeignet, da übersehen wird, dass die zugeflossenen Mittel (aus dem Umsatz-

prozess) bereits investiert sein könnten.

Der Cashflow enthält Aufwandsbestandteile und kann daher keine Gewinngröße sein.

Zur Beurteilung der Ertragslage alleine reicht er nicht aus.

Es ist auch zu berücksichtigen, dass der Cashflow eine vergangenheitsorientierte Größe ist, d.h. der Cashflow ist nur eine historische Größe und liefert daher nur Anhaltspunkte für einen evtl. vorhandenen Trend der Ertragskraft.

2.4 Firmenwert

a)

Kaufpreis	430
abzgl. anteilig neubewertetes Eigenkapital	400
= Firmenwert:	30

b)

Nach HGB-Vorschriften (§ 255 Abs. 4 Satz 2 + 3 HGB) ist der Firmenwert in jedem folgenden Geschäftsjahr zu mindestens einem Viertel durch Abschreibungen zu tilgen. Die Abschreibung des Geschäfts- und Firmenwertes kann aber auch planmäßig auf die Geschäftsjahre verteilt werden, in denen er voraussichtlich genutzt wird.

Steuerrechtlich muss der Firmenwert aktiviert und abgeschrieben werden. Die Abschreibungsdauer beträgt 15 Jahre (§ 7 Abs. 1 Satz 3 EStG).

c)
Funktionen der Unternehmensbewertung:
Beratungsfunktion; Ermittlung der Preisobergrenze bzw. Preisuntergrenze. Der Bewertende ist entweder für den Käufer oder den Verkäufer tätig.
Schieds- bzw. Vermittlungsfunktion; der Bewertende steht zwischen Käufer und Verkäufer; er soll einen angemessen Preis ermitteln, der von allen Beteiligten akzeptiert werden kann.
Steuerbemessungsfunktion; der Unternehmenswert dient als Bemessungsgrundlage für die Steuererhebung.

Anlässe für eine Unternehmensbewertung:
➢ Erbauseinandersetzung
➢ Sanierung, Liquidation
➢ Fusionen
➢ Zuführung von Eigenmitteln oder Fremdkapital
➢ Börseneinführung

2.5 Kostenrechnung

a)

➤ Voraussetzung für die Anwendung der einstufigen Divisionskalkulation ist, dass keine Lagerbestandsveränderungen an fertigen und unfertigen Erzeugnissen vorhanden sind, d.h. die Produktion entspricht dem Absatz. Es handelt sich hierbei um einstufige Produktionsprozesse.

$$\text{Selbstkosten} = \frac{\text{Kosten der Periode (HK)}}{\text{Menge (x)}}$$

➤ Voraussetzung für die Anwendung der zweistufigen Divisionskalkulation ist, dass keine Lagerbestandsveränderungen an unfertigen Erzeugnissen vorhanden sind. Auch hierbei handelt es sich um einstufige Produktionsprozesse.

$$\text{Selbstkosten} = \frac{\text{Herstellkosten}}{\text{Produktionsmenge}} + \frac{\text{Verwaltungs-/Vertriebskosten}}{\text{Absatzmenge}}$$

➤ Die mehrstufige Divisionskalkulation wird bei mehrstufigen Produktionsprozessen angewandt.

$$\text{Selbstkosten} = \frac{\text{Herstellkosten}_1}{\text{Prod. menge}_1} + \frac{\text{Herstellkosten}_2}{\text{Prod. menge}_2} + \ldots + \frac{\text{Verwaltungs-/Vertriebskosten}}{\text{Absatzmenge}}$$

b)

Verfahren 1: Statisches Verfahren

Beim statischen Verfahren wird ermittelt, um viel Prozent sich die Kosten ändern, wenn sich die Beschäftigung um 1% ändert.

Zur Beurteilung wird der Reagibilitätsgrad (r) ermittelt.

$$r = (\Delta K : K) : (\Delta B : B)$$

ΔK	= Kostenveränderung	ΔB	= Beschäftigungsänderung
K	= Kosten	B	= Beschäftigung

Sofern ein Reagibilitätsgrad von „0" ermittelt wird, handelt es sich um fixe Kosten; bei „1" handelt es sich um variable Kosten.

Liegt der Reagibilitätsgrad (r) zwischen 0 und 1, so handelt es sich um eine variable und fixe Kostenart.

Verfahren 2: Streupunktdiagramm

Bei dem Streupunktdiagramm wird die Kostenfunktion zeichnerisch ermittelt. Hierzu trägt man die Kosten der jeweiligen Beschäftigung in ein Koordinatensystem ein und bestimmt somit die Kostenfunktion.

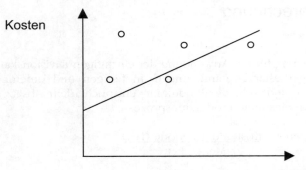

Beschäftigungsgrad

Verfahren 3: Differenzen-Quotienten-Verfahren (mathematisches Verfahren)

Bei diesem Verfahren wird eine Kostendifferenz ins Verhältnis zur Beschäftigungsdifferenz gesetzt. Man erhält dann die variablen Kosten je Stück.

Nachteil dieser Methode ist, dass immer ein linearer Kostenverlauf unterstellt wird. Außerdem werden nur zwei Beobachtungszeitpunkte zugrunde gelegt.

c)
➢ variable Kosten je Stück = $\dfrac{(1.594.500,00 \text{ EUR} - 1.477.500,00 \text{ EUR})}{(26.250 \text{ Stück} - 24.000 \text{ Stück})}$

variable Kosten je Stück = 52,00 EUR

➢ Fixkosten = 1.477.500,00 EUR – (52,00 EUR * 24.000 Stück)
Fixkosten = 229.500,00 EUR

➢ Erlöse = Kosten
120,00 EUR * x = 229.500,00 EUR + 52,00 EUR * x

Gewinnschwelle = $\dfrac{229.500,0 \text{ EUR}}{(120,00 \text{ EUR} - 52,00 \text{ EUR})}$

Gewinnschwelle = 3375,0 Stück

d)
➢ **Fixkosten und variable Kosten:**
Fixkosten sind beschäftigungsunabhängig, d.h. sie fallen unabhängig von der Ausbringungsmenge (Produktionsmenge) an.
Variable Kosten sind beschäftigungsabhängig, d.h. sie hängen von der jeweiligen Ausbringungsmenge ab.

➤ **Einzelkosten und Gemeinkosten:**
Einzelkosten sind Kosten, die einem Kostenträger direkt zugerechnet werden können.
Die Gemeinkosten können einem Kostenträger nur indirekt zugerechnet werden. Man unterscheidet hier zwischen echten und unechten Gemeinkosten. Bei den unechten Gemeinkosten handelt es sich eigentlich um Einzelkosten, die jedoch aufgrund der Wirtschaftlichkeit als Gemeinkosten erfasst werden (z.B. Schrauben, Nägel, Leim).

➤ **Grundkosten und Zusatzkosten:**
Die Grundkosten entsprechen dem Zweckaufwand. Es ist der betriebliche Aufwand, der für die betriebliche Leistungserstellung notwendig ist.

Die Zusatzkosten gehören zu den kalkulatorischen Kosten. Ihnen steht kein Aufwand gegenüber (= Opportunitätskosten).

➤ **Primäre und sekundäre Gemeinkosten:**
Primäre Gemeinkosten sind ursprüngliche Gemeinkosten. Sie fallen bei von außen bezogenen Gütern und Leistungen an.

Die Verteilung der primären Kosten erfolgt als:

Stelleneinzelkosten	Stellengemeinkosten
Sie können einer Kostenstelle direkt zugerechnet werden.	Sie können einer Kostenstelle nur indirekt zugerechnet werden.

Die sekundären Gemeinkosten sind abgeleitete Gemeinkosten. Sie fallen bei innerbetrieblichen Gütern und Leistungen an. Die Kosten der Hilfskostenstellen werden an andere Hilfskostenstellen und Hauptkostenstellen weiterverrechnet. Die Verteilung kann u.a. durch das Treppenverfahren oder durch das simultane Verfahren erfolgen.

2.6 Finanzierung - Zinsberechnung

a)

$$r_{eff} = \frac{Z + \dfrac{K_n - K_0}{n}}{K_0} * 100$$

r_{eff} = Effektivzins
Z   = Zinssatz
K_n = Rücknahmekurs
K_0 = Ausgabekurs

$$r_{eff} = \frac{8 + \dfrac{100 - 95}{6}}{95} * 100$$

r_{eff} = 9,30%

b)

➤ **2% von 15.000,00 EUR = 300,00 EUR**

aufzunehmende Kreditsumme: 15.000,00 EUR – 300,00 EUR = 14.700,00 EUR

Die Kreditsumme muss für insgesamt 20 Tage aufgenommen werden.

Die zu zahlenden Zinsen für den Kredit belaufen sich auf:

$$\text{Zinsen} = \frac{14.700,00 \text{ EUR} * 20 \text{ Tage} * 9,0\%}{360 * 100} = 73,50 \text{ EUR}$$

Finanzierungsvorteil: 300,00 EUR – 73,50 EUR = 226,50 EUR Vorteil

➤ $\dfrac{\textbf{Skontosatz}}{\textbf{Zahlungsziel – Skontofrist}}$ *** 360 = Zins für den Lieferantenkredit**

$$\frac{2}{30 - 10} * 360 = \underline{36,0\%}$$

genaue Form: $\dfrac{\dfrac{\text{Skontosatz}}{100 - \text{Skontosatz}}}{\text{Zahlungsziel – Skontofrist}} * 360$

genaue Form: $\dfrac{\dfrac{2}{100 - 2}}{30 - 10} * 360 = \underline{36,73\%}$

3 Volkswirtschaft

3.1 Finanzpolitik

a)

➢ **Wandel vom „Ordnungsstaat" zum „Wohlfahrts- und Kulturstaat":**
Anfangs übernahm der Staat nur die Ordnungs- und Schutzfunktion. Mit der
Entwicklung der sozialen Marktwirtschaft übernahm der Staat immer mehr Auf-
gaben:

- ◆ Kulturaufgaben (Bildung, Kunst)
- ◆ Sozialaufgaben (Sozialversicherung, Gesundheitswesen)
- ◆ Umwelt
- ◆ Infrastruktur

➢ **Einkommenselastizität öffentlicher Leistungen:**
Die Staatsausgaben steigen, wenn die Einkommenselastizität der Nachfrage
nach öffentlichen Leistungen höher ist als die Einkommenselastizität der Nachfrage nach privaten Gütern.
Steigt das Einkommen und sind die privaten Konsumbedürfnisse befriedigt, so
steigt die Nachfrage öffentlicher Leistungen:

- ◆ Kulturaufgaben (Bildung, Kunst)
- ◆ Sozialaufgaben (Sozialversicherung, Gesundheitswesen)
- ◆ Umwelt
- ◆ Infrastruktur

➢ **Niveauverschiebungseffekt:**
Das Wachstum der Staatsausgaben hat sich nicht kontinuierlich vollzogen. Die
Staatsausgaben sind in Sprüngen gewachsen. Ursachen sind u.a. Krisenzeiten
(Kriege) und exogene Schocks (Ölkrise, Wiedervereinigung). Die einmal er-
höhten Ausgaben haben sich später nicht ganz zurückgebildet. "Normale"
Steuererhöhungen stoßen bei der Bevölkerung auf Widerstand. In sozialen
Ausnahmesituationen lässt sich aber der Widerstand überwinden, so dass es zu
einer Steuererhöhung kommt. Nach Überwindung der Krise haben sich die
Wirtschaftssubjekte an die höhere Belastung gewöhnt.

> **Ökonomische Theorie der Politik:**
Zu Wahlterminen erhöhen sich die Staatsausgaben. Politiker wollen sich die
Wiederwahl durch Wahlgeschenke sichern. Hierdurch entsteht allerdings die
Gefahr von leichtfertigen Entscheidungen (= Gefälligkeitsdemokratie). Dem
Wähler ist es meistens nicht bewusst, dass er selber langfristig die Staatsausga-
ben durch höhere Steuern finanzieren muss.

Die Staatsverschuldung/Staatsquote steigt:

- mit Erhöhung von wahrgenommenen Ausgaben (z.B. Subventionen),
- mit zunehmender Bedeutung des Verhältniswahlrechts,
- mit stärkerer Machtverteilung zwischen Verfassungsorganen (Bundes-
  tag/Bundesrat) und
- mit Problemen der Demokratie.

> **Wiedervereinigung:**
Der Ressourcentransfer von West nach Ost erhöhte die Staatsausgaben. Es er-
folgten hohe Transferzahlungen an Gesellschaft und Wirtschaft, wobei Einspa-
rungen an anderer Stelle kaum vorgenommen worden sind.

> **Ökonomische Theorie der Bürokratie:**
Je umfangreicher die Staatsaktivitäten, die Gesetze und Verordnungen werden,
desto mehr Bürokratie wird benötigt.
Die Bürokratie erhält eine Eigendynamik. Es besteht aber auch kein Interesse
am Abbau der Bürokratie.
Ziele:
- sicheres und steigendes Gehalt der Bürokraten
- Steigerung von Macht und Ansehen
- Verwaltung von mehr Mitarbeitern und höherem Budget

b)
Institutionelle Grenzen:
> nationale Regel (Artikel 115 Grundgesetz):
Die Einnahmen aus Krediten dürfen die Summe der im Haushaltsplan veran-
schlagten Ausgaben für Investitionen nicht überschreiten. Ausnahmen sind nur
zulässig zur Abwehr einer Störung des gesamtwirtschaftlichen Gleichgewichts.

> europäische Regeln (Konvergenzkriterien nach Maastricht)
Die Nettoneuverschuldung (jährliches Defizit) darf nicht mehr als 3,0% des
Bruttoinlandsproduktes betragen.
Die Gesamtverschuldung darf aber nicht mehr als 60% des Bruttoinlandspro-
duktes betragen.

Ökonomische Grenzen:
> wenn der Staat seinen Kapitaldienst (Zinsen und Tilgung) nicht leisten kann

- ➢ wenn der Kapitaldienst die finanzpolitische Handlungsfähigkeit beeinträchtigt
- ➢ wenn das gesamtwirtschaftliche Gleichgewicht gefährdet wird
- ➢ wenn durch die Kreditaufnahmen Crowding-out-Effekte hervorgerufen werden
- ➢ wenn zukünftige Generationen mit Zins- und Tilgungsleistungen belastet werden
- ➢ wenn der Ruf der Bundesrepublik als erstklassiger Schuldner gefährdet wird

3.2 Inflation

a)
1. Negative Allokationseffekte
Steigt das Preisniveau auf breiter Fläche an, so verlieren die Preise ihre Signalfunktion.

1. Folge - Beeinträchtigung des Preismechanismus
Anbieter sehen in den steigenden Preisen sozusagen „grünes Licht" auf allen Märkten; sie dehnen ihr Angebot aus.

2. Folge - Fehlallokation der Produktionsfaktoren
Entweder liegen zu wenig Investitionen oder falsche Investitionen vor.
Die Produktionsfaktoren werden nicht mehr richtig eingesetzt.

2. Beeinträchtigung des Wirtschaftswachstums und der Beschäftigung
Sofern Inflation vorliegt wird weniger oder gar nicht investiert. Ohne Investitionen der Unternehmen ist Wachstum kaum möglich. Und ohne Wachstum ist wiederum eine Vollbeschäftigung nicht erreichbar.

3. Negative Umverteilungswirkungen von Einkommen und Vermögen
a) Lohn-Lag-Hypothese (= Nachhinken der Löhne):
   Die Löhne steigen langsamer als die Inflation. Die Folge daraus ist, dass das real verfügbare Einkommen der Arbeitnehmer sinkt (= reale Kaufkraft sinkt). Die dann durchgesetzten Lohnsteigerungen können aber wieder Anlass für erneute Preissteigerungen sein.

b) Transfereinkommen-Lag-Hypothese:
   Die Transferzahlungen, d.h. staatliche Sozialleistungen an private Haushalte (Wohngeld, Kindergeld, Rentenzahlungen etc.), steigen langsamer als die Inflation. Die Folge daraus ist, dass das real verfügbare Einkommen der Bezieher von Transfereinkommen sinkt (= reale Kaufkraft sinkt).

4. Inflationsmentalität
Die Inflation hat negative Folgen für das Geld als Tausch- und Wertaufbewahrungsmittel. Ersparnisse werden nicht mehr in Geld, sondern in Sachvermögen, wie (bebaubare) Grundstücke und Edelmetalle, angelegt (= „totes" Sachkapital).

Die Folge ist, dass das Geldvermögen in relativ niedrig verzinsliche Anlagen wandert. Das so angelegte Kapital steht nicht mehr Investitionen zur Verfügung. Es erfolgt somit kein effizienter und bedarfsgerechter Einsatz der Ressourcen.

b)
- Der Inhalt des Warenkorbes ändert sich nur alle 5 Jahre. Die Verbrauchsgewohnheiten ändern sich jedoch schneller.
- Der Warenkorb ist in jedem Land anders.
- Es werden nur private Ausgaben erfasst.
- Qualitätsänderungen werden nicht erfasst. Verbessert sich ein Produkt und steigt durch die Verbesserung der Preis, so liegt keine Inflation vor. Dies findet i.d.R. beim Warenkorb keine Berücksichtigung.
- Gütersubstitutionen werden nicht berücksichtigt. Verteuern sich Waren, so wird ein Haushalt versuchen, auf andere und billigere Waren auszuweichen. Dies wird aber nicht im Warenkorb erfasst.

c)

$$\frac{(105,3 * 100)}{103,5} - 100 = \underline{1,739\%}$$

andere Darstellung:

103,5 = 100%
1 = 0,966%
105,3 = 101,739%

3.3 Volkswirtschaftliche Gesamtrechnung

a)

Das Bruttoinlandsprodukt ist die Summe aller produzierten Güter und Dienstleitungen, die im Inland von In- und Ausländern innerhalb einer bestimmten Periode (meist 1 Jahr) hergestellt wurden und in Geld bewertet sind.
Man spricht hierbei von dem Inlandskonzept.

Das Bruttonationaleinkommen ist die Summe aller produzierten Güter und Dienstleitungen, die im In- und Ausland von Inländern innerhalb einer bestimmten Periode (meist 1 Jahr) hergestellt wurden und in Geld bewertet sind.
Man spricht hierbei von dem Inländerkonzept.

Der Unterschied zwischen dem Bruttonationaleinkommen und dem Bruttoinlandsprodukt liegt im Saldo der Primäreinkommen.

b)

	Bruttoproduktionswert zu Herstellungspreisen	0
-	Vorleistung	0
=	Bruttoproduktionswert (Bruttowertschöpfung)	0
-	unterstellte Bankgebühren	0
=	bereinigte Bruttowertschöpfung	0
+	Gütersteuern	0
-	Gütersubventionen	0
=	Bruttoinlandsprodukt zu Marktpreisen	4.650
+	Saldo der Primäreinkommen	- 35
=	Bruttonationaleinkommen zu Marktpreisen	4.615
-	Abschreibungen	370
=	Nettonationaleinkommen zu Marktpreisen	4.245
-	Produktions- und Importabgaben	375
+	Subventionen	50
=	Volkseinkommen/Nettonationaleinkommen zu Faktorkosten	3.920

Konsum	Privater Konsum	3.000	3.650
	Konsum des Staates	650	
Bruttoinvestitionen	Bruttoanlageinvestitionen	850	850
	Vorratsveränderungen	0	
Außenbeitrag zum BIP		150	150
= Bruttoinlandsprodukt zu Marktpreisen			4.650

> ➤ Volkseinkommen = 3920
> ➤ Bruttonationaleinkommen zu Marktpreisen = 4615
> ➤ Nettonationaleinkommen zu Marktpreisen = 4245
> ➤ Bruttoinlandsprodukt zu Marktpreisen = 4650

3.4   Geldmenge

a)

Geldmenge				
Bargeld inkl. elektron. Geld auf Karten	Buchgeld			
	Sichteinlagen (täglich fällig)	Termineinlagen mit einer vereinbarten Laufzeit bis zu 2 Jahren	Spareinlagen mit einer Kündigungsfrist bis zu 3 Monaten	➤ Anteile an Geldmarktfonds ➤ Repoverbindlichkeiten ➤ Geldmarktpapiere und Bankschuldverschreibungen mit einer Laufzeit bis zu 2 Jahren
Geldmenge M 1				
Geldmenge M 2				
Geldmenge M 3				

Die Geldbasis ist die Zentralbankgeldmenge.
Geldbasis = Summe des Bargeldes + Mindestreserveeinlagen der Geschäftsbanken bei der Zentralbank
Diese Geldmenge kann nur durch die Zentralbank geschaffen werden.

b)

Die Geldschöpfung ist von der Kreditvergabe (Angebot und Nachfrage) abhängig. Die Kreditvergabe hängt wiederum von folgenden Faktoren ab:

➢ Höhe der Zentralbankgeldmenge (Geldbasis), denn aus ihr entwickelt sich im Geldschöpfungsprozess die Geldmenge M 1.

➢ Mindestreserve/Mindestreservesatz/Reservekoeffizient:
Je höher der MR-Satz, desto höher sind die verpflichteten Einlagen und desto geringer ist die Geldschöpfungsmöglichkeit.

➢ Bargeldkoeffizient:
Je höher die Bargeldhaltung/Bargeldumlauf, desto geringer ist die Geldschöpfungsmöglichkeit.
Der Bargeldkoeffizient hängt ab von:

    a) Schattenwirtschaft:
      Je höher die Schattenwirtschaft ist, desto mehr Bargeld ist im Umlauf und desto geringer ist die Geldschöpfungsmöglichkeit.

    b) Finanzinnovationen:
      Ist der Anteil am bargeldlosen Zahlungsverkehr höher, so ist das Potenzial der Geldschöpfung höher.

➢ eigene Überschussreserve aus Liquiditätsgründen

3.5 Wechselkurs

a)

höhere Kaufkraft gegenüber dem Ausland:

➢ Durch die höhere Kaufkraft gegenüber dem Ausland sinken die Importgüterpreise. Somit sinken die Rohstoff- und die Produktionskosten. Das Preisniveau bleibt stabil. Es wird keine importierte Kosteninflation hervorgerufen.

➢ Dämpfung der gesamtwirtschaftlichen Nachfrage durch Verschlechterung des Außenbeitrages.

Verringerung der Wettbewerbsfähigkeit von inländischen Unternehmen:

Durch die Aufwertung des Euros kommt es zu einer Verringerung der Wettbewerbsfähigkeit von inländischen Unternehmen. Die Exporte sinken und die Importe steigen.

Folgen:

➢ Verschlechterung des Außenbeitrages (evtl. negative Handelsbilanz)

> Verschlechterung der Dienstleistungsbilanz
> Dämpfung der gesamtwirtschaftlichen Nachfrage durch Verschlechterung des Außenbeitrages
> es entsteht aber keine importierte Nachfrageinflation

b)
Die Aufwertung des Euros verläuft stabil:
Die Euro-Aufwertung erfolgte über einen langen Zeitraum.
Je langsamer die Aufwertung erfolgt, desto besser können sich die Unternehmen darauf einstellen und sich rechtzeitig gegen Wechselkursrisiken absichern.

Deutschland selber befindet sich im Aufschwung:
Durch die gestiegene Binnenkonjunktur ist Deutschland nicht nur vom Export abhängig.

Aufsteigerstaaten (China, Indien) befinden sich ebenfalls im Aufschwung:
Durch den wirtschaftlichen Aufschwung im Ausland sinkt die Nachfrage nach „Euro-Produkten" nicht. Auch die Qualität der „deutschen Produkte" wird geschätzt.

3.6   Beschäftigungspolitik

a)
Ziel dieser Strategie ist, dass die eingesparten Löhne dazu verwendet werden, die Arbeitslosen in ein Beschäftigungsverhältnis zu bringen.
Die mit dieser Strategie verbundenen Probleme sind u.a.:

> Anlernzeiten und Anlernkosten müssen berücksichtigt werden.
> Die Arbeitsproduktivität und auch die berufliche Qualifikation der Arbeitslosen ist im Durchschnitt geringer als die der aktuell beschäftigten Personen.
> Die Faktoreinsatzverhältnisse müssen teilweise geändert werden. Hierbei ist aber zu berücksichtigen, dass oftmals limitationale Faktoreinsätze vorliegen.

b)
Volkswirtschaftliche Auswirkungen:
Volkswirtschaftliche Kapazitäten des Produktionsfaktors Arbeit bleiben ungenutzt. Es werden so gesehen Waren und Dienstleistungen weggeworfen, die die Arbeitslosen hätten produzieren können.
Der Staat hat mehr Staatsausgaben und weniger Einnahmen zu verzeichnen:

> höhere Ausgaben für den Bereich „Arbeitslosengeld" und
> geringere Einnahmen im Bereich der Steuern und der Sozialversicherungen.

Soziale Auswirkungen:
Dem einzelnen Arbeitslosen steht weniger Einkommen zur Verfügung. Ferner kann die betroffene Person menschliche und psychologische Schäden erleiden.

> ➤ Prestigeverluste
> ➤ geringes Selbstwertgefühl

c)

Die gesamtwirtschaftliche Arbeitslosigkeit existiert in sämtlichen Regionen, Branchen und Berufen. Im Gegensatz hierzu existiert die teilwirtschaftliche Arbeitslosigkeit nur in einzelnen Teilmärkten, d.h. in einzelnen Regionen, Branchen und Berufen.

Kurzfristige gesamtwirtschaftliche Arbeitslosigkeit:

= Friktionelle Arbeitslosigkeit

Es ist eine kurzfristige Sucharbeitslosigkeit, die bei einem Arbeitsplatzwechsel entsteht. Sie liegt somit zwischen Entlassung und Antritt der neuen Stelle vor. Ursache ist eine mangelnde Markttransparenz. Auf der einen Seite ist das Arbeitsplatzangebot vorhanden. Auf der anderen Seite kennt allerdings der Arbeitslose die offene Stelle nicht.

Mittelfristige gesamtwirtschaftliche Arbeitslosigkeit:

= Konjunkturelle Arbeitslosigkeit

Die konjunkturelle Arbeitslosigkeit entsteht durch einen temporären Rückgang der gesamtwirtschaftlichen Nachfrage. Das Produktionspotenzial ist nicht mehr vollständig ausgelastet.

Langfristige gesamtwirtschaftliche Arbeitslosigkeit:

= Wachstumsdefizitäre Arbeitslosigkeit

Die wachstumsdefizitäre Arbeitslosigkeit entsteht aufgrund eines zu geringen Wirtschaftswachstums. Es liegt ein Mangel an Arbeitsplätzen vor und diese Art der Arbeitslosigkeit ist nicht nur vorübergehend.

Einflussfaktoren der wachstumsdefizitären Arbeitslosigkeit sind:

> ➤ Entwicklung der Arbeitsproduktivität
> ➤ Entwicklung der Arbeitszeit
> ➤ Entwicklung des realen Bruttoinlandsproduktes
> ➤ Entwicklung des Erwerbspersonenpotenzials

Es gibt verschiedene Arten der wachstumsdefizitären Arbeitslosigkeit:

> ➤ Lohnkostenbedingte Arbeitslosigkeit
> ➤ Kapitalmangelarbeitslosigkeit
> ➤ Demographische Arbeitslosigkeit
> ➤ Technologische Arbeitslosigkeit
> ➤ Stagnationsarbeitslosigkeit

4 Recht

4.1 Kreditsicherheit - Abtretung

Darstellung des Sachverhaltes:

➢ Abtretungsvertrag: 01.03.2007 zwischen K und der W-Sparkasse
➢ Zustimmung von der Spiel-GmbH: 24.07.2007
➢ Abtretungsvertrag: 03.04.2007 zwischen K und der X-Volksbank
➢ Zustimmung von der Spiel-GmbH: 17.04.2007

Die Kaufpreisforderung wurde am 01.03.2007 an die W-Sparkasse abgetreten. Nach § 399 BGB liegt jedoch ein Ausschluss der Abtretung vor. Abtretungen wurden durch Vereinbarung mit der Spiel-GmbH ausgeschlossen.
Dieses Abtretungsverbot wird durch § 354a HGB aufgehoben. Hierzu müssten folgende Voraussetzungen vorliegen:

1. Abtretung einer Geldforderung und
2. Ausschluss der Abtretung nach § 399 BGB und
3. das Geschäft, das die Forderung begründet, muss ein zweiseitiges Handelsgeschäft sein.

Der Kaufmann K hat eine Kaufpreisforderung und somit eine Geldforderung an die Bank abgetreten. Ein Ausschluss der Abtretung nach § 399 BGB wurde auch vereinbart. Zwischen dem Kaufmann K und der Spiel-GmbH besteht ein zweiseitiges Handelsgeschäft. Nach § 343 HGB sind Handelsgeschäfte alle Geschäfte eines Kaufmanns, die zum Betrieb seines Handelsgewerbes gehören. Sowohl K als auch die Spiel-GmbH sind Kaufleute.

Folgen:

➢ Die Abtretung ist trotz Abtretungsverbot wirksam.
➢ Auch bei einer offenen Zession kann der Drittschuldner (Spiel-GmbH) mit schuldbefreiender Wirkung an den Zedenten (Kaufmann K) leisten.
➢ Die Regelung des § 407 BGB gilt nicht.

Hier ist nun die W-Sparkasse Inhaber der Forderung. Trotz des Abtretungsverbots und der fehlenden Zustimmung der Spiel-GmbH am 01.03.2007 liegt nach § 354a HGB eine wirksame Abtretung vor.

4.2   Handelsrecht

Die Sparkasse könnte einen Anspruch auf Zahlung gemäß § 488 Abs. 1 BGB gegenüber der GmbH haben. Voraussetzung ist, dass der Anspruch entstanden ist. Hierzu müssten mindestens zwei übereinstimmende und rechtswirksame Willenserklärungen vorliegen.

Die GmbH hat keine Willenserklärungen abgegeben.

Jedoch hat P einen Darlehensvertrag mit der Sparkasse geschlossen.

Es könnte sein, dass sich die GmbH die Willenserklärung des P gemäß § 164 Abs. 1 BGB zurechnen lassen muss. Voraussetzungen hierfür sind:

➢   eigene Willenserklärung des P,
➢   im fremden Namen und
➢   innerhalb der Vertretungsmacht.

Die eigene Willenserklärung des P und die Abgabe im fremden Namen liegen vor. Es ist zu prüfen, ob P im Außenverhältnis wirksame Willenserklärungen für und gegen die GmbH abgeben konnte. P wurde gemäß § 48 HGB Prokura erteilt. Diese wurde jedoch am 10.05.2007 widerrufen. Somit hat er als Vertreter ohne Vertretungsmacht gehandelt.
Es könnte jedoch sein, dass sich die Sparkasse auf § 15 Abs. 1 HGB berufen kann. Voraussetzungen des § 15 Abs. 1 HGB sind, dass es sich bei dem Widerruf um eine eintragungspflichtige Tatsache handelt und diese nicht eingetragen und nicht bekannt gegeben wurde und die Bank keine Kenntnis vom Widerruf hatte.
Alle diese Voraussetzungen liegen vor. Der Widerruf der Prokura ist eine eintragungspflichtige Tatsache (§ 53 Abs. 3 HGB). Er ist auch nicht eingetragen und bekannt gemacht worden. Die Sparkasse hatte auch keine Kenntnis vom Widerruf. Somit kann sich die Bank auf § 15 Abs. 1 HGB berufen.

Fazit:
Die Sparkasse hat einen Anspruch aus § 488 Abs. 1 BGB in Verbindung mit § 15 Abs. 1 HGB auf Zahlung von der Schick-GmbH.

4.3   Kreditsicherheit - Grundschuld

Es könnte sein, dass der LKW gemäß § 1120 BGB in Verbindung mit 1192 Abs. 1 BGB dem Haftungsverbund der Grundschuld angehört und somit auch haftet.
Die Hypothek und analog die Grundschuld (§ 1192 Abs. 1 BGB) erstreckt sich auf das Zubehör des Grundstücks mit Ausnahme der Zubehörstücke, welche nicht in das Eigentum des Eigentümers des Grundstücks gelangt sind.

Das Zubehör haftet nicht, wenn der Grundstückseigentümer und der Eigentümer des Zubehörs nicht identisch sind. Zubehör, das unter Eigentumsvorbehalt steht, wird nicht von der Grundschuld erfasst. Jedoch erfasst die Grundschuld das Anwartschaftsrecht. Nach Zahlung des vollen Kaufpreises fällt das Zubehör in den Haftungsverbund.

Es ist zu prüfen, ob der LKW als Zubehör gilt.
Zubehör sind nach § 97 Abs. 1 BGB bewegliche Sachen, die, ohne Bestandteile der Hauptsache zu sein, dem wirtschaftlichen Zwecke der Hauptsache zu dienen bestimmt sind und zu ihr in einem dieser Bestimmung entsprechenden räumlichen Verhältnis stehen.
Der LKW ist zwar eine bewegliche Sache, er dient aber nicht dem wirtschaftlichen Zwecke der Hauptsache (Grundstück). Der LKW befindet sich größtenteils auf der Straße und erwirtschaftet dort die Erträge. Daher fällt der LKW nach Zahlung des vollen Kaufpreises nicht mit in den Haftungsverbund der Grundschuld.

4.4 Familienrecht

Für die Verpfändung des Sparguthabens sind folgende Maßnahmen notwendig:

1. Einigung über die Entstehung des Pfandrechts (Verpfändungsvertrag) nach §§ 1274, 398 BGB.
2. Die Drittschuldneranzeige (Verpfändungsanzeige) des Verpfänders an den Schuldner der verpfändeten Forderung gemäß § 1280 BGB ist nicht erforderlich, da die Süd-Sparkasse sowohl Sicherheitennehmer als auch Drittschuldner des Sparguthabens ist.
3. Die Entstehung der zu sichernden Forderung.

Die Einigung erfolgt in diesem Fall zwischen den Eheleuten Grube (gesetzliche Vertreter für ihren Sohn Andreas) und der Süd-Sparkasse.
Es ist zu prüfen, ob die Eltern eine derartige Verfügung vornehmen dürfen.

Andreas selber kann keine wirksame Willenserklärung gegenüber der Süd-Sparkasse bezüglich der Verpfändung abgeben. Er ist beschränkt geschäftsfähig (§ 106 BGB) und eine solche Willenserklärung wäre für ihn kein rechtlicher Vorteil (§ 107 BGB).
Nach § 1629 Abs. 1 BGB vertreten die Eltern gemeinsam ihren minderjährigen Sohn.
Jedoch sind sie in ihrer Vertretungsmacht nach § 1643 Abs. 1 BGB in Verbindung mit § 1822 Nr. 10 BGB eingeschränkt. Daher wäre zur wirksamen Verpfändung die Genehmigung des Familiengerichtes notwendig. Da die Genehmigung nicht vorliegt, ist die Darlehensforderung der Süd-Sparkasse nicht abgesichert.

4.5 Verbundene Geschäfte

Die Auto-Bank könnte einen Anspruch auf Zahlung der Darlehensraten von Frick aus dem Darlehensvertrag gemäß § 488 Abs. 1 Satz 2 BGB haben.
Voraussetzung ist, dass der Anspruch entstanden ist.

Hierzu müssten Frick und die Auto-Bank einen Darlehensvertrag nach § 488 BGB geschlossen haben. Das ist der Fall.
Eventuell kann Frick gegenüber der Auto-Bank Einwendungen geltend machen, da die Nachbesserungsversuche bereits zwei Mal fehlgeschlagen sind.

Die Einwendungen richten sich jedoch gegen den Kaufvertrag. Wenn aber ein verbundenes Geschäft nach § 358 Abs. 3 BGB vorliegt, können Einwendungen auch gegenüber der Bank nach § 359 BGB erklärt werden.

Nach § 358 Abs. 3 BGB müsste das Darlehen ganz oder teilweise der Finanzierung des Kaufvertrages dienen und beide Verträge eine wirtschaftliche Einheit bilden. Der Darlehensbetrag in Höhe von 22.000,00 Euro diente ausschließlich der Autofinanzierung. Gemäß § 358 Abs. 3 Satz 2 BGB ist eine wirtschaftliche Einheit anzunehmen, wenn der Unternehmer selbst die Gegenleistung des Verbrauchers finanziert, oder im Falle der Finanzierung durch einen Dritten, wenn sich der Darlehensgeber bei der Vorbereitung oder dem Abschluss des Verbraucherdarlehensvertrages der Mitwirkung des Unternehmers bedient. In diesem Fall erhält Frick den Kreditvertrag von dem Auto-Händler ausgehändigt. Dieser wird auch beim Auto-Händler unterzeichnet. Somit liegen die Voraussetzungen für eine wirtschaftliche Einheit vor. Der Kaufvertrag für das Auto sowie der Darlehensvertrag stellen ein verbundenes Geschäft dar.

Maßgeblich ist nun, ob Frick zur Einstellung der Zahlung berechtigt ist. Gemäß §§ 437, 440 BGB liegt ein wirksamer Rücktritt vom Kaufvertrag vor, da die Nacherfüllung nach zwei erfolglosen Versuchen als fehlgeschlagen gilt.

Frick kann daher dem Auto-Händler gegenüber die Zahlung verweigern und demnach nach § 359 Satz 3 BGB auch die Zahlung gegenüber der Auto-Bank, da die Nacherfüllung fehlgeschlagen ist.

4.6 Kreditsicherheit - Sicherungsübereignung

Felix könnte einen Anspruch gegen die Mutter auf Zahlung aus der Bürgschaft nach § 765 Abs. 1 BGB haben. Voraussetzung ist, dass Felix einen Anspruch hat.

Zur Entstehung der Bürgschaft sind zwei übereinstimmende und rechtswirksame Willenserklärungen notwendig. Ein Bürgschaftsvertrag wurde zwischen der Mutter und Herrn Kleine geschlossen; jedoch nicht zwischen der Mutter und Felix.

Es könnte aber sein, dass Felix die Bürgschaft mit der Abtretung der Forderung (§ 398 BGB) erhalten hat.

Nach § 401 Abs. 1 BGB gehen akzessorische Sicherheiten, wozu auch die Bürgschaft gehört, mit der Abtretung der Forderung auf den neuen Gläubiger über.

Fazit:

Felix hat einen Anspruch gegen die Mutter auf Zahlung aus der Bürgschaft nach § 765 Abs. 1 BGB.

Felix könnte einen Anspruch auf Herausgabe des Lastkraftwagens nach § 985 BGB gegenüber Herrn Meier haben.

Voraussetzung ist, dass Felix Eigentümer ist und Herr Meier müsste Besitzer sein. Ferner dürfte Herr Meier keine Einwendungen nach § 986 Abs. 1 BGB erheben können.

Herr Meier ist unmittelbarer Besitzer.

Ursprünglich war auch Herr Meier Eigentümer.

Herr Meier könnte das Eigentum übertragen haben.

Zwischen Herrn Meier und Herrn Kleine liegt eine Einigung nach § 929 Satz 1 BGB sowie die Vereinbarung eines Besitzkonstituts (§ 930 BGB) vor.

Auch der Bestimmtheitsgrundsatz wurde eingehalten. Somit ist Herr Kleine (treuhänderischer) Eigentümer.

Ein automatischer Übergang der Sicherheit auf Felix ist nach § 401 Abs. 1 BGB nicht möglich, da die Sicherungsübereignung eine abstrakte und keine akzessorische Sicherheit darstellt.

Der Abtretungsvertrag, der zwischen Herrn Kleine und Felix geschlossen wurde, kann eine Nebenpflicht zur Übertragung selbstständiger Rechte beinhalten.

Im Zweifel ist aber der Rechtsgedanke des § 401 Abs. 1 BGB anzunehmen.

Wünscht der Sicherungsgeber keine Weiterübertragung des treuhänderischen Eigentums, so muss er dies von vornherein erklären.

Herr Meier hat eine solche Erklärung nicht erteilt. Daher ist Herr Kleine in der Lage und auch verpflichtet das treuhänderische (fiduziarische) Sicherungseigentum auf Felix zu übertragen.

Fazit:

Felix hat einen Anspruch auf Herausgabe des Lastkraftwagens nach § 985 BGB gegenüber Herrn Meier.

PRÜFUNGSSATZ III

1 Allgemeine Bankbetriebswirtschaft

Bearbeitungszeit 120 Minuten, 100 Punkte

1.1 Eigenmittel und Solvabilitätsverordnung

Aus dem Rechnungswesen der Holstenbank AG werden Ihnen folgende Daten vorgelegt. Ermitteln Sie

a) die Gesamtkennziffer.

	Mio. EUR
Grundkapital	500,0
Rücklagen	715,0
Pensionsrückstellungen	350,0
Sonderposten nach § 340g HGB	15,0
immaterielle Vermögensgegenstände	32,0
Vorsorgereserven nach § 340f HGB	298,0
Rücklagen nach § 6b EStG (gewichtet)	10,0
nicht realisierte Reserven	400,0
Genussrechte	335,0
längerfristige Nachrangverbindlichkeiten	635,0
kurzfristige Nachrangverbindlichkeiten	80,0
risikogewichtete KSA-Positionswerte	25.000,0
Anrechnungsbetrag für operationelle Risiken	80,0

Hinweise:
Die nicht realisierten Reserven sind ungewichtet.

1.2   Marketing

Die Distributions- und Vertriebspolitik umfasst alle Maßnahmen und Entscheidungen rund um die Absatz- und Vertriebswege.
Die Distributionspolitik hat somit den Standort der Bank, die Geschäftszeiten und die Zugangsmöglichkeiten zum Gegenstand.
Der Vertrieb kann auch bei einer Bank stationär, d.h. über Filialen und über mediale Wege (Selbstbedienungscenter, Directbanking) erfolgen.

a)   Zeigen Sie die drei Vorteile und vier Nachteile des stationären Vertriebs auf.

b)   Aber auch der mediale Vertriebsweg weist gewisse Nachteile auf. Erläutern Sie zwei verschiedene Nachteile des medialen Vertriebsweges.

1.3   Marktzinsmethode

Neben der bekannten Marktzinsmethode wird immer mehr das Barwertkonzept zur Bewertung und Kalkulation von Geschäften im Wertebereich verwendet.
Auch die Nordseebank AG hat sich hierzu entschlossen.

a)   Sie werden von der Geschäftsleitung gebeten, im Rahmen eines Vortrages das Barwertkonzept zu erläutern. In diesem Zusammenhang sollen Sie auch die Vorteile des Barwertkonzeptes herausstellen.

b)   Zur Veranschaulichung des Sachverhalts werden Sie gebeten, anhand der gegebenen Daten den Zinserfolg (Konditionenbeitragsbarwert) aus einem Darlehen mit einer Laufzeit von fünf Jahren zu ermitteln. (Runden Sie auch während der Berechnung auf volle Euro.)

➢   Darlehen 100.000,00 EUR zu 8,0% für 5 Jahre fest
➢   jährliche (nachträgliche) Zinszahlung
➢   Tilgung am Ende der Laufzeit in einer Summe
➢   Einstandszinssätze am Abschlussstichtag:

1 Jahr:	3,0%
2 Jahre:	4,0%
3 Jahre:	5,0%
4 Jahre:	6,0%
5 Jahre:	7,0%

1.4 Einlagensicherung

Die gesetzlichen Vorschriften des Kreditwesengesetzes (KWG) verkörpern die Ziele des Gläubigerschutzes.

Der Gläubigerschutz bei Banken wurde noch über das KWG hinaus ausgeweitet.

Der Anlegerschutz bei deutschen Banken ist je nach Institutsart unterschiedlich aufgebaut.

a) Erläutern Sie, wie der Anlegerschutz bei Sparkassen, Genossenschaften und bei Privatbanken ausgestaltet ist.

b) Darüber hinaus gibt es einen gesetzlichen Schutz. Erläutern Sie, was darunter zu verstehen ist.

1.5 Basel II / Solvabilitätsverordnung

Seit dem 01. Januar 2007 müssen die Eigenkapitalvorschriften, die vom Basler Ausschuss für Bankenaufsicht entwickelt worden sind, in den Mitgliedsstaaten der Europäischen Union von allen Kreditinstituten und Finanzdienstleistungsinstituten angewandt werden.

a) Begründen Sie, warum die neuen Eigenkapitalvorschriften (Basel II) entwickelt worden sind.

b) Nennen und erläutern Sie die Grundgedanken von Basel II.

c) Beschreiben Sie die drei Säulen von Basel II.

1.6 Vorsorgereserven

Banken können stille Vorsorgereserven nach § 340f HGB bilden. Daneben haben Sie auch die Möglichkeit offene Reserven (Sonderposten für allgemeine Bankrisiken nach § 340g HGB) zu bilden.

Unterscheiden Sie die stillen Vorsorgereserven und die offenen Reserven anhand der nachstehenden Kriterien:

1. Begrenzung der Bildung
2. steuerliche Anerkennung
3. Ausweis in der Bilanz

4. Zuordnung zu den Eigenkapitalbestandteilen des haftenden Eigenkapitals
5. Vermögenspositionen, die als Basis dienen

2 Betriebswirtschaft

Bearbeitungszeit 120 Minuten, 100 Punkte

2.1 Kommunikation – Kommunikationsmodell nach Watzlawick

Neben dem Kommunikationsmodell „Schulz von Thun – vier Seiten einer Nachricht" gibt es auch das Kommunikationsmodell nach „Watzlawick".
Grundlage sind verschiedene Axiome.

a) Beschreiben Sie, was unter einem Axiom zu verstehen ist.

b) Erläutern Sie die von Watzlawick aufgestellten fünf Axiome.

2.2 Arbeitsrecht – Kündigung

Die Westbank AG möchte ihrem Mitarbeiter (Peter Kleinlich, 44 Jahre alt) aus betrieblichen Gründen kündigen.
Die Kündigung soll zum 30.11.2007 erfolgen.
Bereits am 07.08.2007 wird der Betriebsrat der Westbank AG informiert. Dieser widerspricht am 09.08.2007 der Kündigung. Dennoch erhält Herr Kleinlich am 31.08.2007 das Kündigungsschreiben der Bank.

Erklären Sie, ob die Kündigung wirksam ist und erläutern Sie, ob der Widerspruch des Betriebsrates eine Wirkung hat.

2.3 Kalkulatorische Kosten – Kalkulatorische Zinsen

a) Erläutern Sie, warum in der Kostenrechnung kalkulatorische Zinsen angesetzt werden und somit zwischen Fremdkapitalzinsen und kalkulatorischen Zinsen unterschieden wird.

b) Berechnen Sie für das Maschinenbau Unternehmen die kalkulatorischen Zinsen (nach der Durchschnittsmethode). Es wird ein Zinssatz von 8,0% p.a. angesetzt.

Werte	in TEUR
Gebäude	880,0
bebautes Grundstück	220,0
Forderungen aus Lieferungen und Leistungen	320,0
technische Anlagen und Maschinen	660,0
Kassenbestand	140,0
vermietete Produktionsanlagen	72,0
fertige und unfertige Erzeugnisse	205,0
Wertpapiere	165,0
Beteiligungen	275,0
Werkstoffe (Roh-, Hilfs- und Betriebsstoffe)	179,0
geringwertige Wirtschaftsgüter	95,0
kumulierte Abschreibungen auf das Anlagevermögen	65,0

2.4   Bewertung – Anlagenspiegel

In der Bilanz oder im Anhang ist die Entwicklung des Anlagevermögens darzustellen.

a) Erstellen Sie für die Produktionsmaschine der Bau GmbH einen Anlagespiegel. Hierbei berücksichtigen Sie bitte folgende Daten:

Anschaffungsdatum	01.01.2004
Anschaffungspreis	150.000,00 EUR
Nutzungsdauer (Jahre)	6

Im Jahr 2007 erfolgt der Verkauf der Produktionsmaschine an die Hoch-GmbH.

b) Die Bau GmbH hat sich im Herbst 2007 dazu entschlossen, ein neues EDV-System zu erwerben, das von den Mitarbeitern der Bau GmbH installiert wird. Zwei Wochen nach Inbetriebnahme stellt sich heraus, dass noch Zusatzteile benötigt werden.
Ermitteln Sie die Anschaffungskosten des EDV-Systems.

Nettokaufpreis	275.000,00 EUR
Rabatt	8%
Skonto	3%
Transportkosten inkl. USt.	7.140,00 EUR
Transportversicherung	710,00 EUR
Material für die Montage	1.500,00 EUR
Löhne für die Montage	2.250,00 EUR
Wartungskosten für 2007	2.750,00 EUR
Zusatzteil (brutto)	6.545,00 EUR

2.5 Finanzierung

a) Die betriebliche Finanzwirtschaft ist von zwei Zielkonflikten geprägt. Erläutern Sie diese Zielkonflikte und arbeiten Sie das Oberziel und das Nebenziel der betrieblichen Finanzwirtschaft heraus.

b) Definieren Sie das Wort „Finanzierung".

c) Bei der Finanzierung ist zwischen der Außen- und Innenfinanzierung zu unterscheiden. Beschreiben Sie:

> im Bereich der Außenfinanzierung die Beteiligungsfinanzierung und
> im Bereich der Innenfinanzierung die Selbstfinanzierung.

2.6 Jahresabschlussanalyse

Zum Thema „Jahresabschlussanalyse" werden Sie von Ihrem Vorgesetzten gebeten, einen Vortrag zu halten.

a) Skizzieren Sie den Ablauf einer Jahresabschlussanalyse in sechs Schritten.

b) Unterscheiden Sie „vertikale und horizontale Kennzahlen" und nennen Sie jeweils ein Beispiel.

c) Die quantitative Jahresabschlussanalyse lässt die qualitativen Tatsachen unberücksichtigt. Nennen Sie fünf Faktoren, die nicht oder nicht ausreichend berücksichtigt werden.

d) Ein Bereich bei der Jahresabschlussanalyse ist die Analyse von Rentabilitäten. Ermitteln Sie:

> die Eigenkapitalrentabilität,
> die Gesamtkapitalrentabilität und
> die Umsatzrentabilität (netto).

verkaufte Menge in Stück	3.200
Nettoverkaufspreis je Stück	21,00 EUR
Gesamtkapital	220.000,00 EUR
Verschuldungsgrad	5:3
Fremdkapitalzins	8%
Gewinn	12.000,00 EUR

3   Volkswirtschaft

Bearbeitungszeit 120 Minuten, 100 Punkte

3.1   Geldpolitik

Mit der Geldpolitik der Europäischen Zentralbank (EZB) werden der Volkswirtschaft Rahmenbedingungen vorgegeben.

a) Definieren Sie den Begriff „Preisniveaustabilität" aus der Sicht der EZB.

b) Zur Zielerreichung bedient sich die EZB einer „Zwei-Säulen-Strategie". Bitte erklären Sie die einzelnen Säulen dieser Strategie.

c) Worin sehen Sie die Vorteile in der „Zwei-Säulen-Strategie"?

3.2   Markt und Nachfrage

Die Nachfrage nach Gütern wird von verschiedenen Faktoren beeinflusst.

a) Erläutern Sie, wann es zu einer Bewegung auf einer gegebenen Nachfragekurve kommt. Beschreiben Sie aber auch an drei Beispielen, wann es zu einer Verschiebung der Nachfragekurven kommt.

b) Auf einem Markt treffen Anbieter und Nachfrager aufeinander. Nennen Sie drei Funktionen des Marktes und unterscheiden Sie die Märkte nach fünf Marktarten sowie nach insgesamt neun Marktformen.

c) Auch der Staat greift in das Marktgeschehen ein. Diese Eingriffe können marktkonform oder auch marktinkonform (marktkonträr) sein. Beschreiben Sie verbal die Einführung eines Mindestpreises.

3.3   Grundzüge der Makroökonomie

Das Say'sche Theorem beschreibt den Zusammenhang zwischen Angebot und Nachfrage. Nach diesem Theorem tendieren die Märkte tendenziell zu einem gesamtwirtschaftlichen Gleichgewicht.

a)   Erläutern Sie das Say'sche Theorem.

b)   Mit welchen Argumenten hat John Maynard Keynes das Say'sche Theorem widerlegt?

3.4   Preiselastizität

Erläutern Sie die direkte Preiselastizität der Nachfrage

a)   verbal und

b)   formal.

c)   Erklären Sie den Unterschied zwischen einer elastischen und unelastischen Nachfrage.

d)   Berechnen Sie die direkte Preiselastizität und erläutern Sie Ihr Ergebnis.
     Der Preis für ein durstlöschendes Getränk wird von 0,90 EUR auf EUR 1,30 angehoben. Aufgrund dessen geht die Nachfrage von 150 Mio. Flaschen auf 130 Mio. Flaschen zurück.

e)   Erläutern Sie mit Hilfe der Preiselastizität das „Paradoxon der Superernte".

3.5   Wechselkurse

Es gibt mehrere unterschiedliche Wechselkurssysteme. Diese Wechselkurssysteme unterscheiden sich dadurch, wie die Kursbildung des Devisenkurses zu Stande kommt.

a)   Erläutern Sie das Wechselkurssystem flexibler und das Wechselkurssystem fester Wechselkurse.

b) Erläutern Sie die Gründe für die Nachfrage und das Angebot von Währungen. Zur Vereinfachung gehen Sie von folgenden Währungen aus: Euro und US-Dollar.

3.6 Außenhandel

Die wirtschaftliche Integration in Europa erfolgte in mehreren Stufen.

a) Zeigen Sie den Werdegang von der Europäischen Gemeinschaft bis zur Europäischen Union auf.

b) Zeigen Sie insgesamt sechs positive Wohlstandseffekte auf, die durch die wirtschaftliche Integration hervorgerufen wurden bzw. werden.

4 Recht

Bearbeitungszeit 120 Minuten, 100 Punkte

4.1 Bereicherungsrecht

Der 16-jährige Anton aus Berlin verkauft dem 21-jährigen Norbert seine Playstation für 110,00 EUR. Seine Eltern hat Anton hierüber nicht informiert. Anton geht am gleichen Abend mit seiner Freundin zum Essen in ein Restaurant und gibt von dem Geld 60,00 EUR aus. Die restlichen 50,00 EUR zahlt er am nächsten Tag auf sein Girokonto bei der Nordbank eG ein.
Erst zwei Tage später erfahren Antons Eltern von dem Verkauf seiner Playstation. Sie fordern den Norbert auf, die Playstation herauszugeben. Dieser kommt auch vorbei, bringt die Playstation zurück und verlangt die Rückzahlung der 110,00 EUR.

Zu Recht?

4.2 Kreditsicherheit – Sicherungsübereignung

Der Druckmaschinenhersteller liefert am 16.01.2007 dem Druckpoint Charly, Inh. Charly Schmidt, eine Druckmaschine. Diese wird direkt auf das Gewerbegrundstück des Herrn Schmidt geliefert und bar bezahlt. Am 30.08.2007 übereignet Schmidt die Druckmaschine der Süd-Bank AG zur Sicherheit für einen Kredit. Drei Monate vorher (30.05.2007) war auf dem Gewerbegrundstück des Herrn Schmidt zugunsten der West-Bank eine Grundschuld eingetragen worden.
Schmidt gerät danach immer mehr in finanzielle Notlage und kann die Kredite nicht mehr bedienen.

Erläutern Sie, welche Bank Ansprüche an der Druckmaschine hat.

4.3 Sachenrecht - mobil

Herr Mohr, der Briefmarkensammler aus Leidenschaft ist, hat bei einem Verkäufer eine Marke gesehen, die er gerne kaufen möchte. Hierbei handelt es sich um die seltene X-Briefmarke. Der Verkäufer bewahrt die Marken unter seinem Verkaufstresen auf. Bei Herausnahme vergreift sich der Verkäufer und übergibt Herrn Mohr die S-Briefmarke. Das Missgeschick merken beide nicht. Erst am Abend, als der Verkäufer die Marken in seinen Tresor bringen will, fällt ihm auf, dass er Herrn Mohr eine falsche Marke ausgehändigt hat. Der Verkäufer versucht daraufhin Herrn Mohr ausfindig zu machen. Sein Bemühen bleibt jedoch ohne Erfolg. Erst drei Tage später sieht er Herrn Mohr vor seinem Schaufenster stehen. Der Verkäufer erklärt ihm, dass er versehentlich die falsche Marke übergeben hat und fordert Herrn Mohr auf, ihm die ausgehändigte S-Briefmarke zurückzugeben.

a) Hat der Verkäufer einen Anspruch auf Rückgabe der bereits ausgehändigten S-Briefmarke?

b) Kann Herr Mohr die von ihm ursprünglich gewollte X-Briefmarke von dem Verkäufer verlangen?

4.4   Gesellschaftsrecht

Der handwerklich geschickte K. Hein hat sich entschlossen ein Unternehmen zu gründen.
Für Herrn Hein kommt nur die Gründung einer GmbH in Frage, da er keine persönliche Haftung übernehmen möchte. Als zusätzlicher Gesellschafter soll sein Freund H. Klein mit in die Gesellschaft aufgenommen werden.

Erläutern Sie Herrn Hein die Gründungsschritte sowie die jeweilige Haftung in den einzelnen Stadien.

4.5   Vertretung - Kaufvertrag

Herr Asmussen leiht Frau Bahr seinen Fernseher, da er für zwei Monate auf Geschäftsreise in China ist.
Innerhalb der zwei Monate besucht Frau Fey ihre Freundin Frau Bahr und sieht den Fernseher. Diese findet das Gerät so gut, dass sie den Fernseher für 500,00 EUR kaufen möchte. Frau Bahr ist der Ansicht, dass dem Herr Asmussen das Geld lieber wäre als der Fernseher. Schließlich schließt sie mit Frau Fey einen Kaufvertrag im Namen des Herrn Asmussen ab. Die Übergabe soll aber erst nach seiner Rückkehr an Frau Fey erfolgen. Als Herr Asmussen von seiner Geschäftsreise zurückkehrt, weigert er sich, den Fernseher an Frau Fey herauszugeben.

Hat Frau Fey einen Anspruch auf Herausgabe des Fernsehers?

4.6   Handelsrecht

Der in Kiel lebende Kaufmann K erteilt seinem fähigen Mitarbeiter P Prokura. Da momentan sehr viel Arbeit anfällt ist K überlastet. Aus diesem Grund hat er sich bei der Handelsregistermeldung verschrieben und meldet den B als Prokuristen an. B wird auch ins Handelsregister eingetragen und die Tatsache, das B Prokura erhalten hat, wird auch öffentlich bekannt gemacht. B nimmt daraufhin am 26.07.2007 im Namen des K ein Darlehen bei der Nordbank AG auf. Diese verlangt im Nachgang von K die Zins- und Tilgungsleistung.

Zu Recht?

Abwandlung:
Beurteilen Sie die Sachlage, wenn K die Prokura des P richtig angemeldet hat und das Registergericht versehentlich den B als Prokuristen eingetragen und dieses auch öffentlich bekannt gemacht hat.

LÖSUNGSHINWEISE PRÜFUNGSSATZ III

1 Allgemeine Bankbetriebswirtschaft

1.1 Eigenmittel und Solvabilitätsverordnung

a)

Kernkapital:

	gezeichnetes Kapital inkl. Vorzugsaktien	500,0
+	Rücklagen	715,0
+	Sonderposten nach § 340g HGB	15,0
-	immaterielle Vermögenswerte	32,0
		1.198,0

Ergänzungskapital:

	Vorsorgereserven nach § 340f HGB	298,0
+	nicht realisierte Reserven (Summe)	180,0
+	Rücklagen nach § 6b EStG	10,0
+	Genussrechtskapital	335,0
=	Ergänzungskapital 1. Klasse	823,0

Stille Reserven werden nur anerkannt, wenn der Kernkapitalkoeffizient mindestens 4,4% des 12,5-Fachen des Gesamtanrechnungsbetrages für Adressrisiken (hier gleich den risikogewichteten KSA-Positionswerten) entspricht.

Kernkapital:	1.198,0
risikogewichtete KSA-Positionswerte	25.000,0
Der Kernkapitalkoeffizient beträgt:	4,79%

Max. werden 1,4% des 12,5-Fachen des Gesamtanrechnungsbetrages für Adressrisiken (hier gleich den risikogewichteten KSA-Positionswerten) als stille Reserven anerkannt.

1,4% des 12,5-Fachen des Gesamtanrechnungsbetrages für Adressrisiken:		350,0
vorhandene stille Reserven:	45%	180,0

	längerfristige Nachrangverbindlichkeiten	635,0
=	Ergänzungskapital 2. Klasse	635,0
	max. jedoch 50% des Kernkapitals	599,0
	Differenz für Drittrangmittel:	36,0

	Ergänzungskapital 1. Klasse	823,0
+	Ergänzungskapital 2. Klasse (evtl. gekappt)	599,0
=	Ergänzungskapital:	1.422,0
	max. in Höhe des Kernkapitals	1.198,0
	Differenz für Drittrangmittel:	224,0

	Kernkapital	1.198,0
+	Ergänzungskapital	1.198,0
	haftendes Eigenkapital:	2.396,0

Da keine weiteren Abzugs- und Unterlegungstatbestände vorhanden sind, entspricht das haftende Eigenkapital dem modifizierten, verfügbaren Eigenkapital.

vorhandene Drittrangmittel:

	kurzfristige Nachrangverbindlichkeiten	80,0
+	überschüssiges Ergänzungskapital 2. Klasse	36,0
+	gekapptes Ergänzungskapital	224,0
=	vorhandene Drittrangmittel:	340,0

Bedingt dadurch, dass keine Marktrisikopositionen zu unterlegen sind, ist die detaillierte Ermittlung der anrechenbaren Drittrangmittel ebenfalls nicht nötig.

anrechenbare Eigenmittel für Solvenzzwecke:

modifiziertes, verfügbares Eigenkapital; hier gleich dem haftenden Eigenkapital	2.396,0
genutzte, verfügbare Drittrangmittel – max. 5/7 der Anrechnungsbeträge für Marktrisikopositionen inkl. Optionsgeschäfte	0,0
anrechenbare Eigenmittel für Solvenzzwecke:	**2.396,0**

Gesamtkennziffer:

$$\frac{\text{anrechenbare Eigenmittel (2.396,0)} \times 100}{\text{12,5fache der Anrechnungsbeträge für Adressrisiken, operationelle Risiken und Marktrisikopositionen inkl. Optionsgeschäfte (26.000,0)}} = \mathbf{9,22\%}$$

1.2 Marketing

a)

Stationärer Vertrieb (Filialvertrieb)	
Vorteile	**Nachteile**
➤ Die Bank hat den direkten und persönlichen Kundenkontakt.	➤ Der Filialvertrieb verursacht hohe Kosten (Personal- und Sachaufwand).
➤ Die Informationen zwischen Bank und Kunde fließen ungehindert.	➤ Bei den Banken besteht eine mangelnde Anpassungsfähigkeit an Marktveränderungen.
➤ Den Banken ermöglicht der Filialvertrieb einen leichteren Vertrieb vor Ort.	➤ Hohe Kapazitäten werden vorgehalten, die nicht immer voll ausgelastet sind.
	➤ Die Bank hat bei dem Filialvertrieb hohe Fixkosten zu tragen.

b)

Durch das Angebot des medialen Vertriebsweges stehen die unterschiedlichen Vertriebskanäle im Wettbewerb zueinander. Es kann vorkommen, dass sich die Kunden in der Bank persönlich und individuell beraten lassen und das Geschäft später via Internet bei der gleichen Bank zu günstigeren Konditionen abschließen.

Für die Bank ist es schwer die Kundenbindung zu erhöhen. Der Grund liegt in der gestiegenen Preiselastizität der Kunden. Hierdurch stehen die Banken in einem noch stärkeren Wettbewerb zueinander. Die hohe Transparenz trägt zusätzlich zu dem schon vorhandenen Wettbewerb bei.

1.3 Marktzinsmethode

a)

Bei dem Barwertkonzept werden die Zahlungsströme betrachtet, die ein Geschäft mit sich bringt, d.h. Einzahlungen und Auszahlungen innerhalb einer Periode werden betrachtet.

Zu Vereinfachung wird davon ausgegangen, dass sich die Zahlungsströme immer auf das Ende einer Periode beziehen.

Barwert bedeutet, dass eine Abzinsung/Abdiskontierung aller zukünftigen Zahlungsströme auf den „heutigen" Abschlussstichtag vorgenommen wird. Somit lassen sich Neugeschäfte im Gegensatz zur herkömmlichen Marktzinsmethode noch besser bewerten und kalkulieren. Der Gesamtzinserfolg ist am Abschlussstichtag berechenbar. Jeder Zahlungsstrom wird mit einem Zinssatz des Geld- und Kapitalmarktes belegt. Der Strukturbeitrag (Fristentransformationsbeitrag) spielt hierbei keine Rolle. Ausschlaggebend bei dem Barwertkonzept sind die Höhe und Laufzeit des Geschäftes.

Vorteile:
➢ Es ist keine stichtagsbezogene Betrachtung.
➢ Die Zeiträume werden berücksichtigt.
➢ Es erfolgt keine Zusammenfassung/Periodisierung von Stromgrößen.
➢ Zahlungen, die nicht zum gleichen Zeitpunkt erfolgen, sind unterschiedlich viel wert (der Zinseszinseffekt wird berücksichtigt).
➢ Das Barwertkonzept stellt keine reine Margenbetrachtung dar.
➢ Es erfolgt keine Vermischung mit Bestands- und Neugeschäften.

b)

Jahr	0	1	2	3	4	5	Abzinsungsfaktor
Auszahlung	-100.000	8.000	8.000	8.000	8.000	108.000	
Jahr 5	100.935	-7.065	-7.065	-7.065	-7.065	-108.000	1,07
					935	0	
Jahr 4	882	-53	-53	-53	-935		1,06
				882	0		
Jahr 3	840	-42	-42	882			1,05
			840	0			
Jahr 2	808	-32	-840				1,04
		807	0				
Jahr 1	783	-807					1,03
	4.248	0					

1.4 Einlagensicherung

a)

Sparkassen:

➢ Aufbau:

Bei den Sparkassen bilden 11 Stützungsfonds der regionalen Sparkassen- und Giroverbände eine Haftungsgemeinschaft.

Ferner gibt es die Sicherungsreserve der Landesbanken und die Sicherungsfonds der Landesbausparkassen.

➢ Absicherung:

Der Gläubigerschutz wird durch einen Institutsschutz gewährleistet.

Es erfolgt eine Abwendung von Zahlungsschwierigkeiten der Institute über Verbandssicherungssysteme.

Das Institut selber geht nicht in die Insolvenz. Man spricht von einem mittelbaren Einlagenschutz.

➢ Haftungsumfang:

Es gibt keine Haftungsbegrenzungen.

Genossenschaften:

➢ Aufbau:

Bei den Genossenschaften sind der Garantieverbund und der Garantiefonds beim Bundesverband der Volks- und Raiffeisenbanken zu unterscheiden.

Der Garantieverbund stellt im Notfall keine Barmittel, sondern Bürgschaften und Garantien zur Verfügung. Zur Gewährung der Bürgschaften und Garantien ist ein erfolgsversprechender Sanierungsplan notwendig.

In den Garantiefonds fließen Beiträge der Genossenschaftsbanken, die in Abhängigkeit der Bonität erhoben werden. Der Garantiefonds vergibt Zuschüsse und Darlehen.

➢ Absicherung:

Der Gläubigerschutz wird durch einen Institutsschutz gewährleistet. Es erfolgt eine Abwendung von Zahlungsschwierigkeiten der Institute über Verbandssicherungssysteme.

Das Institut selber geht nicht in die Insolvenz. Man spricht von einem mittelbaren Einlagenschutz.

Es wird die gesamte Passivseite der Bank geschützt, d.h. alle Fremdkapitalpositionen.

➤ Haftungsumfang:
Es gibt keine Haftungsbegrenzungen.

Privatbanken:

➤ Aufbau:
Bei dem Einlagensicherungsfonds deutscher Banken e.V. gibt es keinen Garantieverbund.

➤ Absicherung:
Beim Einlagensicherungsfonds deutscher Banken e.V. erfolgt ein reiner Gläubiger-
schutz, d.h. die „Verbindlichkeiten gegenüber Kunden" werden geschützt.
Das Institut selber geht in die Insolvenz. Man spricht von einem unmittelbaren
Einlagenschutz.
Nicht geschützt sind Forderungen, über die die Bank Inhaberpapiere ausgestellt hat
(z.B. Inhaberschuldverschreibungen) sowie Verbindlichkeiten gegenüber Kreditin-
stituten.

➤ Haftungsumfang:
Die Sicherungsgrenze je Gläubiger beträgt 30% des maßgeblich haftenden Eigenkapitals der Bank. Dieses besteht aus dem Kernkapital sowie dem Ergänzungskapital bis zur Höhe von 25% des Kernkapitals.

b)
Bei der Kreditanstalt für Wiederaufbau (KfW) werden Entschädigungseinrichtungen
als nicht rechtsfähige Sondervermögen des Bundes errichtet.

Insgesamt gibt es drei gesetzliche Entschädigungseinrichtungen:

➤ für private Institute (Einlagenkreditinstitute in privater Rechtsform),
➤ für öffentlich-rechtliche Institute – die nicht dem Institutsschutz unterliegen
   (Einlagenkreditinstitute in öffentlicher Rechtsform) und
➤ andere Institute (Wertpapierfirmen).

Es besteht ein Rechtsanspruch aufgrund gesetzlicher Vorschriften. Grundlage ist das
Einlagensicherungs- und Anlegerentschädigungsgesetz (EAEG).

Der Entschädigungsanspruch des Gläubigers des Instituts richtet sich nach Höhe
und Umfang der Einlagen des Gläubigers oder der ihm gegenüber bestehenden
Verbindlichkeiten aus Wertpapiergeschäften unter Berücksichtigung etwaiger Auf-
rechnungs- und Zurückbehaltungsrechte des Instituts.
Der Entschädigungsanspruch ist der Höhe nach begrenzt auf 90% der Einlagen
(10% als Selbsteinbehalt), maximal jedoch nur 20.000,00 EUR je Einleger (§ 4
EAEG).

1.5 Basel II / Solvabilitätsverordnung

a)

Die bisherige Risikoaktiva wird nur in pauschale Risikogruppen (Risikoklassen) eingeteilt.

Bisher wurde zwar das individuelle Risiko und das Länderrisiko berücksichtigt. Allerdings wurden alle Kredite an „Kunden" gleich behandelt. Egal ob es sich um einen privaten Konsumentenkredit oder um einen Kredit für ein erstklassiges Industrieunternehmen handelt. Dieses Vorgehen ist nicht mehr sachgerecht.

➤ Fehlallokation des aufsichtsrechtlichen Kapitals, da sich die Eigenmittelunterlegung nicht an der Bonität des Kunden orientiert.

➤ Keine Berücksichtigung von operationellen Risiken

➤ Mangelnde Flexibilität

b)

➤ Risikoadäquate und angemessene Eigenmittelunterlegung, d.h. das Eigenkapital soll sich an das Risiko anlehnen.

➤ Erfassung und Abdeckung aller wesentlichen Risiken (Adressenausfallrisiken, Marktpreisrisiken, operationelle Risiken).

➤ Anreize für ein besseres Risikomanagement

➤ Flexibilität in der Finanzaufsicht. Es geht weniger um die direkte Überprüfung, sondern um die qualitative Überprüfung.

➤ Steuerung der Geschäfte der Banken bei gleichzeitiger Senkung der Eigenkapitalkosten.

c)
Säule 1 – neue Mindestkapitalanforderungen:

Das Kreditrisiko soll mit Hilfe von Ratings erfasst werden, d.h. es soll eine risikoadäquate Erfassung der Kreditrisiken erfolgen. Ferner sollen operationelle Risiken mit Eigenkapital unterlegt werden.

Die Gewichtung der Risikoaktiva erfolgt anhand der Bonität der Kreditnehmer. Die Bonität wird durch Ratings ermittelt. Diese geben Aufschluss über die Zahlungsfähigkeit und Ausfallwahrscheinlichkeit.

Hierbei gibt es verschiedene Ratingansätze:

1. Standardansatz
   Beim Standardansatz werden nur externe Ratings akzeptiert. Alle nicht gerateten Kredite fließen grundsätzlich mit 100% in die Risikoaktiva ein.

2. Interner Ratingansatz (IRB)
   Dieser Ansatz kann wiederum in zwei Varianten aufgeteilt werden:

> Basisansatz und
> fortgeschrittener Ansatz

Zusätzlich werden die operationellen Risiken erfasst.

Es sind Risiken, die direkt oder indirekt zu Verlusten führen können:

> Versagung von Menschen (Irrtum, Fahrlässigkeit)
> Versagung der Technologie (Computerviren)
> Versagung von internen Verfahren (Großprojekte, Arbeitsprozesse)
> externe Einflüsse (Terroranschläge, Naturkatastrophen)

Säule 2 – Qualitative Überwachung durch die Bankenaufsicht

Ziele/Aufgaben:

> Sicherstellung, dass jede Bank solide interne Verfahren zur Ermittlung von unterschiedlichen Risiken verwendet.
> Der Dialog zwischen Bank und Bankenaufsicht soll gefördert werden.
> Interne Verfahren (Ratingverfahren/Messverfahren) müssen überprüft werden, ob sie den Anforderungen von Basel II fortlaufend genügen.

Grundsatz 1:
Banken sollen Verfahren haben, mit denen sie die Risiken analysieren und diese mit angemessenen Eigenmitteln unterlegen.

Grundsatz 2:
Bankinterne Beurteilungen und Strategien zur angemessenen Eigenkapitalausstattung werden überprüft und bewertet.

Grundsatz 3:
Die Banken sollten höhere Eigenkapitalausstattungen als das aufsichtsrechtlich geforderte Mindesteigenkapital vorhalten.

Grundsatz 4:
Frühzeitiges Eingreifen der Aufsichtsbehörden soll ein Abfallen des Eigenkapitals unter die geforderte Mindestausstattung verhindern.

Säule 3 – Offenlegungsanforderungen (erweiterte Offenlegung; Marktdisziplin)

Ziel: mehr Transparenz

Die Marktteilnehmer sollen einen besseren Einblick in das Risikoprofil und die Angemessenheit der Eigenkapitalausstattung einer Bank gewinnen.

Man unterscheidet vier Offenlegungskategorien:

1. Eigenkapitalstruktur (Zusammensetzung von Kern- und Ergänzungskapital sowie Drittrangmittel) und Informationen zu eingegangenen Risiken und ihrer Beurteilung.

2. Angemessenheit der Eigenkapitalausstattung

3. eingegangene Risiken

4. Anwendung der EK-Vorschriften

Hinweis:

Die Umsetzung der Säulen I und III erfolgte in der SolvV. Die Säule II wurde in den MaRisk umgesetzt.

1.6 Vorsorgereserven

	Stille Vorsorgereserven nach § 340f HGB	Offene Vorsorgereserven (Sonderposten für allgemeine Bankrisiken nach § 340g HGB)
Begrenzung der Bildung	Der Betrag der gebildeten Vorsorgereserven darf 4% der bezeichneten Vermögensgegenstände nicht übersteigen.	Es gibt keine Begrenzung. Nach § 340g HGB dürfen sie gebildet werden, soweit dies nach vernünftiger kaufmännischer Beurteilung wegen der besonderen Risiken des Geschäftszweiges der Kreditinstitute notwendig ist.
steuerliche Anerkennung	Die Bildung mindert den Gewinn, aber nicht den zu versteuernden Gewinn. Somit ist eine steuerliche Anerkennung nicht gegeben.	Die Bildung mindert den Gewinn, aber nicht den zu versteuernden Gewinn. Somit ist eine steuerliche Anerkennung nicht gegeben.
Ausweis in der Bilanz	Die stillen Vorsorgereserven werden in der Bilanz nicht ausgewiesen. Es erfolgt eine aktivische Absetzung.	Die offenen Vorsorgereserven werden offen auf der Passivseite ausgewiesen. Bilanzposition: Fonds für allgemeine Bankrisiken.
Zuordnung zu den Eigenkapitalbestandteilen	Die stillen Vorsorgereserven zählen zu dem Ergänzungskapital 1. Klasse.	Die offenen Vorsorgereserven werden dem Kernkapital zugeordnet.

Vermögenspositionen, die als Basis dienen	➢ Forderungen an Kunden ➢ Forderungen an Kreditinstitute ➢ Wertpapiere der Liquiditätsreserve	Die Bildung der offenen Vorsorgereserven ist nicht an bestimmte Vermögenspositionen gebunden

2 Betriebswirtschaft

2.1 Kommunikation – Kommunikationsmodell nach Watzlawick

a) Ein Axiom ist ein gültig anerkannter Grundsatz, der nicht bewiesen werden muss.

b)

1. Axiom: „Man kann nicht nicht kommunizieren."

Erklärung:
Auch wenn der Mensch nicht spricht, kommuniziert er.
Kommunikation kann u.a. durch Schweigen oder Körpersprache erfolgen.
Zur Kommunikation reicht es aus, wenn sich zwei Personen gegenseitig wahrnehmen können.

2. Axiom: „Jede Kommunikation hat einen Inhalts- und einen Beziehungsaspekt derart, dass letzterer den ersteren bestimmt und daher eine Metakommunikation ist."

Erklärung:
Jede Kommunikation beinhaltet einen Inhaltsaspekt und zusätzlich einen Beziehungsaspekt. Der Beziehungsaspekt gibt den Hinweis, wie der Sender seine Botschaft/Nachricht verstanden haben will.
Wenn ein Mensch etwas sagt, tut er dies immer auf eine bestimmte Art und Weise.
Der Beziehungsaspekt bestimmt den Inhaltsaspekt durch Tonfall, Mimik und Gestik.

3. Axiom: „Die Natur einer Beziehung ist durch die Interpunktion der Kommunikationsabläufe seitens der Partner bedingt".

Erklärung:
Jede Aktion des einen Partners löst eine Reaktion des anderen Partners aus.
Die Ursache für die eigene Reaktion wird dem anderen Partner zugeordnet.

4.   Axiom: „Menschliche Kommunikation bedient sich digitaler (verbaler) und analoger (non-verbaler) Modalitäten (Ausdrucksmittel)."

Erklärung:
Nicht nur die Sprache, sondern auch non-verbale Ausdrucksmittel teilen Informationen mit.
Analoge Zeichen stehen in einer Ähnlichkeitsbeziehung zu dem Sachverhalt, digitale Zeichen nicht.
Mit den analogen Modalitäten wird oftmals die Beziehungsebene dargestellt und mit den digitalen Modalitäten die Inhaltsebene.

5.   Axiom: „Zwischenmenschliche Kommunikationsabläufe sind entweder symmetrisch (gleichwertig) oder komplementär (ergänzend), je nachdem ob die Beziehung zwischen den Partnern auf Gleichheit oder Unterschiedlichkeit beruht."

Erklärung:
Partner mit gleichen kommunikativen Möglichkeiten kommunizieren symmetrisch.
Partner mit unterschiedlichen kommunikativen Möglichkeiten kommunizieren komplementär.

2.2   Arbeitsrecht - Kündigung

Voraussetzungen für eine wirksame Kündigung sind:

➢   Kündigungsabsicht der Westbank AG
➢   Mitteilung an den Betriebsrat
➢   Anhörung des Betriebsrates (Zeitraum: 1 Woche nach § 102 BetrVG)
     Der Betriebsrat widerspricht innerhalb von zwei Tagen und somit innerhalb der gesetzlichen Frist.
     Der Arbeitgeber kann die Kündigungsabsicht aufgeben oder die Westbank AG kündigt mit Abschrift des Widerspruchs (§ 102 Abs. 4 BetrVG).
➢   Schriftliche Kündigungserklärung der Westbank AG, die erst nach Anhörung des Betriebsrats den Machtbereich des Arbeitgebers verlassen darf.
➢   Zugang der Kündigung bei Herrn Kleinlich
➢   Einhaltung der entsprechenden Kündigungsfristen

Da die Voraussetzungen eingehalten worden sind, ist die Kündigung wirksam.
Der Widerspruch des Betriebsrats hindert den Arbeitgeber nicht an der Kündigung.

Herr Kleinlich kann einen Weiterbeschäftigungsanspruch haben. Voraussetzung ist, dass eine ordentliche Kündigung vorliegt und der Betriebsrat ordnungsgemäß und fristgerecht widersprochen hat. Dieses ist hier gegeben. Herr Kleinlich muss dann noch Kündigungsschutzklage innerhalb von drei Wochen nach Zugang der schriftlichen Kündigung erheben (§ 102 Abs. 5 BetrVG).

2.3 Kalkulatorische Kosten – Kalkulatorische Zinsen

a)

Ziel der Kostenrechnung ist es, einen fairen Markpreis zu kalkulieren. Der Marktpreis soll unabhängig von Finanzierungsvarianten sein.

Kalkulatorische Zinsen sind Opportunitätskosten und somit Kosten des Verzichts. Man entscheidet sich für und somit gegen eine Alternative. Die Höhe bestimmt sich nach dem Wert der nicht gewählten Alternative. Der Unternehmer verzichtet auf eine alternative Anlage seines Kapitals und auf Zinserträge. Der Kapitalvorrat verliert ferner an Wert. Dies ist der Grund, warum auf das betriebsnotwendige Kapital kalkulatorische Zinsen erhoben werden.

Die Bilanz berücksichtigt nur die Fremdkapital-Zinsen und keine Eigenkapital-Zinsen. Ferner schwanken die Fremdkapital-Zinsen und stellen somit keine sichere Kalkulationsbasis dar.

b)

Anlagevermögen:	**in TEUR**
Grundstücke (nicht abnutzbar) - voller Wertansatz:	220,0
Gebäude (abnutzbar) - hälftiger Wertansatz:	440,0
Anlagen (abnutzbar) - hälftiger Wertansatz:	330,0
Umlaufvermögen:	
Forderungen aus Lieferung + Leistung:	320,0
Kassenbestand:	140,0
fertige und unfertige Erzeugnisse:	205,0
Werkstoffe (Roh-, Hilfs- u. Betriebsstoffe):	179,0
geringwertige Wirtschaftsgüter:	95,0
= betriebsnotwendiges Vermögen	1929,0
abzgl. zinsfreies Abzugskapital	0,0
= betriebsnotwendiges Kapital	1929,0
kalk. Zinsen = betriebsnotwendiges Kapital * Zinssatz	154,3

2.4   Bewertung - Anlagenspiegel

a) Werte in TEUR

Jahr	AHK	Zu-gänge	Abgän-ge	Umbu-chung	Zu-schrei-bung	AfA kumu-liert	Rest-buch-wert	Rest-buch-wert Vorjahr	AfA
2004		150				25	125	0	25
2005	150					50	100	125	25
2006	150					75	75	100	25
2007	150		150			0	0	75	25
2008									

b)
Anschaffungskosten nach § 255 Abs. 1 HGB:

Nettokaufpreis:	275.000,00 EUR
abzgl. Rabatt:	22.000,00 EUR
=	253.000,00 EUR
abzgl. Skonto:	7.590,00 EUR
=	245.410,00 EUR
+ Transportkosten netto:	6.000,00 EUR
+ Transportkostenversicherung:	710,00 EUR
+ Material für Montage:	1.500,00 EUR
+ Löhne für die Montage:	2.250,00 EUR
+ Zusatzteil:	5.500,00 EUR
= AHK	**261.370,00 EUR**

Wichtig ist hierbei die Beachtung der Reihenfolge von Rabatt und Skonto.

2.5   Finanzierung

a)   Bei dem erstem Zielkonflikt handelt es sich um einen „formellen Zielkonflikt". Es bestehen Unterschiede zwischen Ein- und Auszahlungen gegenüber Erlösen/Kosten bzw. Erträgen/Aufwendungen.

Der „materielle Zielkonflikt" besteht zwischen den Unternehmenszielen Rentabilität und Liquidität.

Ist das gesamte Kapital eines Unternehmen investiert, so wird die Rentabilität hoch sein. Die Liquidität ist aber gering.

Ist dagegen das gesamte Kapital eines Unternehmens nicht investiert, so wird die Rentabilität niedrig sein. Die Liquidität ist aber hoch.

Ziel des Unternehmens muss es sein, so viel Gewinn wie möglich zu erzielen und so viel Liquidität wie nötig vorzuhalten.

Das Oberziel ist die Gewinnerzielung (Rentabilität) und das Nebenziel ist die Liquidität.

Das Nebenziel muss sich dem Oberziel unterordnen und die Steuerung der Liquidität hat so zu erfolgen, dass ein hoher Beitrag zum Gewinn/Rentabilität geleistet wird.

b) Die Finanzierung umfasst alle Maßnahmen zur Bereitstellung und Rückzahlung von finanziellen Mitteln, die für Investitionen benötigt werden.

➤ alle Maßnahmen zur Bereitstellung von Kapital
➤ Versorgung des Betriebes mit Geldmitteln zur Beschaffung von Produktivgütern
➤ Die Finanzierung ist der Vorgang der Kapitalbeschaffung.
➤ Die Finanzierung umfasst alle Maßnahmen zur Aufrechterhaltung des finanziellen Gleichgewichts einer Unternehmung.

c)
➤ Die Beteiligungsfinanzierung führt zu einer Bereitstellung von Eigenkapital. Es handelt sich hierbei um eine externe Eigenfinanzierung.
Es entstehen Eigentümerrechte. Das Kapital fließt von außen in das Unternehmen. Die Kapitalgeber sind die Eigentümer bei einer Personengesellschaft oder die Anteilseigner bei einer Kapitalgesellschaft.
Börsennotierten Unternehmen steht ein organisierter Kapitalmarkt zur Beschaffung von Eigenkapital zur Verfügung (= Börse).
Der Anteilseigner erwirbt einen Quotenanteil am Eigenkapital des Unternehmens. Der Erfolgsanspruch ist erfolgsabhängig und variabel, d.h. der Erfolgsanspruch ist von der Gewinn- bzw. Verlustsituation des Unternehmens abhängig.
Die Haftung des Kapitalgebers kann unbegrenzt oder begrenzt sein. Eine unbegrenzte Haftung besteht z.B. bei einem Komplementär.
Der Kommanditist dagegen haftet nur begrenzt.

➤ Bei der Selbstfinanzierung ist zwischen der offenen und stillen Selbstfinanzierung zu unterscheiden.

Offene Selbstfinanzierung:

Die offene Selbstfinanzierung erfolgt durch die Thesaurierung von Gewinnen.

Bei Personengesellschaften verändern sich durch die Thesaurierung die variablen Eigenkapitalkonten.

Bei Kapitelgesellschaften werden Gewinnrücklagen oder Gewinnvorträge gebildet.

Stille Selbstfinanzierung:

Die stille Selbstfinanzierung kann durch die Unterbewertung der Aktiva erfolgen. Hierbei werden höhere Abschreibungen angesetzt oder Aktivierungen, bei denen ein Wahlrecht besteht, werden nicht aktiviert.

Die stille Selbstfinanzierung kann aber durch die Überbewertung der Passiva erfolgen.

2.6   Jahresabschlussanalyse

a)

1. Sammlung und Sichtung der Daten
2. Verschaffung eines allgemeinen Überblicks
3. Aufbereitung der Daten
    - Es ist die Vorstufe zur Auswertung.
    - Die einzelnen Bilanz- und GuV-Positionen werden zerlegt und neu geordnet.
    - Die quantitativen Daten werden strukturiert und verdichtet.
4. Auswertung der Daten:
    - Die zu berechnenden Kennziffern müssen ausgewählt werden.
    - Berechnung der Kennziffern
    - Die ermittelten Werte müssen interpretiert werden.
    - Die Ursachen für mögliche Abweichungen werden ermittelt.
    - Abschließend erfolgt eine Prognose für die Zukunft.
5. Verschaffung eines Gesamtbildes
6. Darstellung und Stellungnahme der Ergebnisse

b)

vertikale Kennzahlen:

Größen derselben Bilanzseite werden zueinander in Beziehung gesetzt
- Vermögensstruktur oder Kapitalstruktur

horizontale Kennzahlen:

Größen verschiedener Bilanzseiten werden miteinander kombiniert
- Finanzstruktur oder Liquiditätsstruktur

c)
- ➤ Auftragslage des Unternehmens
- ➤ Termine für Ein- und Auszahlungen
- ➤ Kreditzusagen der Banken
- ➤ Kapazitätsauslastung
- ➤ Stand der Forschung und Entwicklung
- ➤ Innovationsfähigkeit
- ➤ Ausbildung der Mitarbeiter
- ➤ Qualität des Managements
- ➤ Stellung am Markt des Unternehmens

d)

Eigenkapital: 220.000,00 EUR : (5 + 3) * 3 = 82.500,00 EUR

Fremdkapital: 220.000,00 EUR − 82.500,00 EUR = 137.500,00 EUR

FK-Zinsen: 137.500,00 EUR * 9% = 12.375,00 EUR

Umsatz: 3.200 Stück * 21,00 EUR = 67.200,00 EUR

➤ Eigenkapitalrentabilität: $\dfrac{12.000,00 \text{ EUR} * 100}{82.500,00 \text{ EUR}} = 14,55\%$

➤ Gesamtkapitalrentabilität: $\dfrac{(12.000,00 \text{ EUR} + 12.375,00 \text{ EUR}) * 100}{220.000,00 \text{ EUR}} = 11,08\%$

➤ Umsatzrentabilität (netto): $\dfrac{12.000,00 \text{ EUR} * 100}{67.200,00 \text{ EUR}} = 17,86\%$

3 Volkswirtschaft

3.1 Geldpolitik

a)
Nach der EZB herrscht Preisniveaustabilität, wenn der „Harmonisierte Verbraucher-preisindex (HVPI)" in der EWU um weniger als 2% gegenüber dem Vorjahr an-steigt.

b)
1. Säule - wirtschaftliche (kurzfristige) Säule:
Innerhalb dieser Säule erfolgt die Beobachtung der Inflationsentwicklung und die Beobachtung der Größen, die Einfluss auf die Inflation haben.
Es erfolgt eine umfassende Beurteilung der Preisperspektiven sowie eine Vorhersa-ge der gesamtwirtschaftlichen Entwicklung anhand geeigneter Indikatoren. Zu den Indikatoren zählen:

- kurzfristige Konjunkturindikatoren
- Preis- und Kostenindikatoren
- Finanzmarktindikatoren
- Branchen- und Verbraucherumfragen

2. Säule - monetäre (langfristige) Säule:
In der 2. Säule wird ein Referenzwert für das Geldmengenwachstum M 3 ermittelt.
Der Referenzwert wird als Punktwert bekannt gegeben und dient als Richtwert.
Der ermittelte Referenzwert wird mit der aktuellen Geldmengenentwicklung verglichen. Es ist ein zeitloser Wert, der ständig überprüft wird.

Der Referenzwert wird aus drei Komponenten entwickelt:

1. Trendwachstum des Bruttoinlandsproduktes
   - 2% bis 2,5%
2. Preiskomponente (unvermeidbare Inflation)
   - max. 2%
3. Veränderung der Umlaufgeschwindigkeit des Geldes
   - 0,5% bis 1%

Der Referenzwert für das Geldmengenwachstum wird mit 4,5% festgelegt.

Sofern das Ziel „Preisniveaustabilität" gefährdet ist, wird die EZB im Rahmen der Geldpolitik geeignete Maßnahmen ergreifen, damit das Ziel wieder erreicht wird.

c)
Durch die „Zwei-Säulen-Strategie" kann ein sogenannter Ankündigungseffekt entstehen, d.h. durch Bekanntgabe des Geldmengenziels und des Inflationsziels kann es zur Stabilisierung kommen. Ferner werden flexible Reaktionen auf Marktanforderungen und geldpolitische Reaktionen ermöglicht.

3.2   Markt und Nachfrage

a)
Zu einer Bewegung auf einer gegebenen Nachfragekurve kommt es, wenn sich nur der Preis des Gutes verändert. Dadurch kommt es zu einer Veränderung der nachgefragten Menge. Die Nachfrage steigt bzw. sinkt.

Zu einer Verschiebung einer Nachfragekurve kommt es, wenn sich nicht der Preis des Gutes ändert, sondern ein oder mehrere andere Faktoren.
Dadurch kommt es zu einer Veränderung der Nachfrage. Die Nachfrage nimmt zu bzw. nimmt ab.

Beispiele für eine Linksverschiebung, d.h. Abnahme der Nachfrage:

➢   Preissenkung bei einem anderen Substitutionsgut
➢   Preissteigerung bei einem anderen Komplementärgut
➢   Einkommensminderungen (bei einem superioren Gut)
➢   Negative Zukunftserwartungen

Beispiele für eine Rechtsverschiebung, d.h. Zunahme der Nachfrage:

➢   Preissteigerung bei einem anderen Substitutionsgut
➢   Preissenkung bei einem anderen Komplementärgut
➢   Einkommenserhöhungen (bei einem superioren Gut)
➢   Positive Zukunftserwartungen

b)
Die Funktionen des Marktes sind:

➢   Vermittlungsfunktion (Vermittlung zwischen Anbietern und Nachfragern)
➢   Bewertungsfunktion (Ergeben eines Marktpreises)
➢   Informationsfunktion (Die Anbieter informieren sich über die Nachfrager und die Nachfrager informieren sich über das Angebot und den Preis.)

Märkte werden unterschieden (Marktarten):

➤ nach dem Umfang der staatlichen Marktbeeinflussung:
- ♦ freie Märkte, d.h. ohne Eingriffe des Staates
- ♦ regulierte Märkte, d.h. der Staat greift ein, wenn er seine politischen Ziele gefährdet sieht

➤ nach dem Umfang der Marktzutrittsmöglichkeit:
- ♦ offene Märkte, d.h. jeder kann Anbieter und Nachfrager sein. Es gibt keine Zugangsbeschränkungen
- ♦ beschränkte Märkte, d.h. der Marktzutritt ist an bestimmte Voraussetzungen gebunden (z.B. Konzessionen)
- ♦ geschlossene Märkte, d.h. der Zutritt ist nicht jedem möglich

➤ nach Güter- oder Faktormärkten:
- ♦ Gütermärkte (Waren- und Dienstleistungsmärkte; Konsum- und Produktionsgüter)
- ♦ Faktormärkte (z.B. Immobilienmärkte und Arbeitsmärkte)

➤ nach Art des Organisationsgrades:
- ♦ organisierte Märkte, d.h. das Marktgeschehen läuft nach bestimmten Regeln ab, wobei Ort und Zeit auch bestimmt sind (z.B. Börse, Messe, Auktionen)
- ♦ nicht organisierte Märkte, d.h. das Marktgeschehen ist nicht an Regeln gebunden

➤ nach der Zentralisierung:
- ♦ zentralisierte Märkte (Angebot und Nachfrage treffen direkt aufeinander)
- ♦ dezentralisierte Märkte (Verkäufer kommt zum Käufer, z.B. Versicherungsvertreter)

Neben den Marktarten werden insgesamt neun Marktformen unterschieden:

Nachfrager einer Anbieter	einer	wenige	viele
einer	zweiseitiges (bilaterales) Monopol	beschränktes Angebotsmonopol	Angebotsmonopol
wenige	beschränktes Nachfragemonopol	zweiseitiges Oligopol	Angebotsoligopol
viele	Nachfragemonopol (Monopson)	Nachfrageoligopol (Oligopson)	zweiseitiges Polypol

c)

Mindestpreise liegen über dem Gleichgewichtspreis. Die Anbieter sollen vor niedrigeren Preisen geschützt werden. Sie sollen die Anbieter besser stellen (Ziel: Existenzschutz).

Die Nachfrager müssen mindestens den Mindestpreis zahlen, er darf nicht unterschritten werden. Durch die Festsetzung des Mindestpreises soll die Entstehung eines niedrigeren Gleichgewichtspreises und ein Unterbietungsprozess bei den Anbietern verhindert werden.

Die Folge ist, dass ein Angebotsüberschuss entsteht.

Das Angebot erhöht sich, weil die Produktion rentabler wird und auch andere Anbieter auf den Markt auftreten, die nicht bereit waren, zum Gleichgewichtspreis anzubieten.

Den Angebotsüberschuss muss der Staat aufkaufen oder er muss vernichtet werden. Sollte dies nicht erfolgen, so drohen „graue Märkte".

3.3   Grundzüge der Makroökonomie

a)

Nach Say schafft sich jedes Angebot seine eigene Nachfrage, d.h. das Angebot bestimmt die Nachfrage. Es kann daher keine Über- und Unterproduktionen (Konjunkturen) geben, weil nur soviel hergestellt wird, wie auch benötigt wird.

Vertiefung der Aussage:

Der Wert der gesamtwirtschaftlichen Produktion entspricht dem Volkseinkommen und das Volkseinkommen entspricht dem Konsum.

Jedoch muss berücksichtigt werden, dass das Volkseinkommen nicht immer dem Konsum entspricht. Das Volkseinkommen wird für den Konsum und für das Sparen verwendet.

Nur wenn gewährleistet werden kann, dass die Ersparnisse den Investitionen entsprechen, hat das Say'sche Theorem wieder Gültigkeit.

Das Ziel wird mit Hilfe des Zinssatzes erreicht.

Das Sparen führt zu einer Erhöhung des Sparkapitals und zu einem Sinken des Zinsniveaus. Sofern das Zinsniveau sinkt, steigen die Investitionen.

Die Ersparnisse werden von der Bank als Kredite vergeben. Durch die Investitionsgüternachfrage der Unternehmen werden die Ersparnisse auch nachfragewirksam.

Vertiefung der Aussage:

Der Wert der gesamtwirtschaftlichen Produktion entspricht dem Volkseinkommen und das Volkseinkommen entspricht dem Konsum und Sparen bzw. dem Konsum und den Investitionen.

b)

Keynes ging jedoch davon aus, dass die Investitionen nicht zinsabhängig/zinselastisch sind.

Die Investitionen seien eher zinsunelastisch, d.h. es existieren überwiegend autonome Investitionen. Bei niedrigen Zinsen würden die Unternehmen nicht mehr Investitionen durchführen.

Wenn die Investitionen nicht zinsabhängig sind, so wird der Nachfrageausfall (das Sparen) nicht durch die zusätzliche Investitionsgüternachfrage ausgeglichen, d.h. die Nachfrage nach Gütern ist kleiner als das Angebot. Die Ersparnisse und die Investitionen gleichen sich nicht aus (siehe Liquiditäts- und Investitionsfalle).

Nimmt die gesamtwirtschaftliche Nachfrage ab, so passt sich das gesamtwirtschaftliche Angebot der neuen Nachfrage an. Somit nimmt das Angebot ab.

Das neue Gleichgewicht bzw. Ungleichgewicht liegt nun unterhalb des Produktionspotenzials und damit unterhalb der Vollbeschäftigung.

Es entsteht ein Gleichgewicht bei Unterbeschäftigung.

Die These von Keynes ist, dass die gesamtwirtschaftliche Nachfrage die Höhe des Sozialproduktes, das Volkseinkommen und die Beschäftigung bestimmt. (Die Nachfrage bestimmt das Angebot). Die Nachfrage schwankt und Schwankungen führen zu Veränderungen des Gleichgewichts.

Der Staat muss selber auf den Markt treten (eingreifen), um die gesamtwirtschaftliche Nachfrage zu stabilisieren, d.h. der Staat muss selber mitspielen, damit die Wirtschaft floriert.

3.4   Preiselastizität

a)

Die direkte Preiselastizität der Nachfrage ist das Verhältnis einer prozentualen Nachfrageänderung (Menge) für ein bestimmtes Gut zu einer prozentualen Preisänderung dieses Gutes.

b)

$$El_{direkt} = \frac{\text{prozentuale Nachfrageänderung (Mengenänderung)}}{\text{prozentuale Preisänderung}}$$

$$El_{direkt} = \frac{\Delta x}{x} : \frac{\Delta p}{p}$$

c)

elastische Nachfrage:

Eine Preisänderung bewirkt eine überproportional große Änderung der nachgefragten Menge. $E < -1$

unelastische Nachfrage:
Eine Preisänderung führt zu einer geringen Änderung der nachgefragten Menge
bzw. die Änderung der nachgefragten Menge fällt verhältnismäßig geringer als die
Preisänderung aus. $-1 < E < 0$

Zusammenhang zwischen Elastizität, Ausgaben und Erlösen:

	Unelastische Nachfrage	Elastische Nachfrage
Preissenkung	Konsumausgaben und Erlöse sinken	Konsumausgaben und Erlöse steigen
Preiserhöhung	Konsumausgaben und Erlöse steigen	Konsumausgaben und Erlöse sinken

d)

$$El_{direkt} = \frac{\Delta x}{x} : \frac{\Delta p}{p}$$

$$El_{direkt} = \frac{-20}{150} : \frac{+0,40}{0,90} = -0,30$$

Die Nachfrage ist unelastisch. Die prozentuale Veränderung der mengenmäßigen
Nachfrage (13,33%) ist geringer als die prozentuale Veränderung des Preises
(44,44%).

e)
Stellen Sie sich vor, dass die Natur den Landwirten in einem bestimmten Jahr eine
besonders reiche Ernte beschert.
Das gute Wetter und die Superernte haben sich auf das Einkommen der Landwirte
negativ ausgewirkt.

Warum?
Das Angebot der Güter nimmt zu. Die Angebotskurve verschiebt sich nach rechts.
Somit fällt der Preis und die Menge steigt.
Die Nachfrage nach den Gütern (hier: Lebensmittel) ist unelastisch und weitet sich
daher kaum aus. Der Preiseffekt ist größer als der Mengeneffekt. Somit erzielen die
Landwirte niedrigere Erlöse.

Genau andersherum sieht es aus, wenn eine schlechte Ernte erzielt wurde. Der
Preiseffekt ist größer als der Mengeneffekt. Somit trägt die schlechte Ernte dazu bei,
dass die Erlöse/Einkommen der Landwirte steigen.

3.5 Wechselkurs

a)
Wechselkurssysteme flexibler Wechselkurse:
Angebot und Nachfrage bestimmen den Wechselkurs. Das System flexibler Wechselkurse ist nur in marktwirtschaftlichen Ordnungen möglich.
Das System der flexiblen Wechselkurse lässt sich in zwei Unterformen aufteilen:

➢ Flexible Wechselkurse (Floating):
   ◆ Nur Angebot und Nachfrage bestimmen den Wechselkurs.
   ◆ Es gibt keine Eingriffe in Angebot oder Nachfrage.
   ◆ Keine Einmischung des Staates bzw. der Zentralbank.

➢ „Schmutziges" Floating:
   ◆ Angebot und Nachfrage bestimmen den Wechselkurs.
   ◆ Der Staat bzw. die Zentralbank greifen aus wirtschaftspolitischen Gründen in den Devisenmarkt ein.
   ◆ Interventionen, indem Devisen angeboten bzw. nachgefragt werden.

Wechselkurssysteme fester Wechselkurse:
Bei dem System der festen Wechselkurse setzt der Staat den Wechselkurs fest.
Auch das System der festen Wechselkurse lässt sich in zwei Unterformen aufteilen:

➢ Feste Wechselkurse mit Bandbreiten:
   ◆ Der Staat setzt den Wechselkurs fest, d.h. der Kurs wird administrativ festgesetzt.
   ◆ Der Staat bestimmt Grenzen (= Bandbreiten).
   ◆ Innerhalb der Bandbreiten kann der Wechselkurs durch Angebot und Nachfrage frei schwanken.
   ◆ Bei drohenden Unter- bzw. Überschreitungen erfolgen Interventionen.

➢ Feste Wechselkurse:
   ◆ Der Staat setzt den Wechselkurs fest, d.h. der Kurs wird administrativ festgesetzt.
   ◆ Der Staat unterbindet den freien Devisenmarkt.
   ◆ Die Wechselkurse entsprechen nicht dem Marktpreis.

b)

Euro-Nachfrage:

Gründe für die Euro-Nachfrage/US-$-Angebot:

1. Exportrechnung in US-$:
    Europäische Exporteure, die in US-$ bezahlt wurden.
    Europäische Exporteure fragen Euro nach (bieten US-$ an), damit sie ihre
    Zahlungsverpflichtungen (Löhne, Material) erfüllen können.

2. Exportrechnung in Euro:
    Nicht-europäische Importeure, die in Euro zahlen müssen.
    Amerikanische Importeure fragen Euro nach (bieten US-$ an), wenn die Rech-
    nung in Euro ausgestellt (fakturiert) ist.

3. Amerikanische Kapitalanleger fragen Euro nach (bieten US-$ an), wenn sie von
    einer US-$-Anlage in eine Euro-Anlage wechseln wollen.

Euro-Angebot:

Gründe für das Euro-Angebot/US-$-Nachfrage:

1. Exportrechnung in Euro:
    Nicht-europäische Exporteure, die in Euro bezahlt wurden.
    Amerikanische Exporteure bieten Euro an (fragen US-$ nach), damit sie ihre
    Zahlungsverpflichtungen (Löhne, Material) erfüllen können.

2. Exportrechnung in US-$:
    Europäische Importeure, die in US-$ zahlen müssen.
    Europäische Importeure bieten Euro an (fragen US-$ nach), wenn die Rech-
    nung in US-$ ausgestellt (fakturiert) ist.

3. Europäische Kapitalanleger bieten Euro an (fragen US-$ nach), wenn sie von
    einer Euro-Anlage in eine US-$ Anlage wechseln wollen.

3.6   Außenhandel

a)

I)   Entstehung von EG und EFTA

Die EG (Europäische Gemeinschaft):
Die EG ist eine Zusammenfassung der folgenden drei Gemeinschaften:

  ➢ EGKS (Europäische Gemeinschaft für Kohle und Stahl),
  ➢ EWG (Europäische Wirtschaftsgemeinschaft) und
  ➢ EURATOM (Europäische Atomgemeinschaft).

II)   Von der Europäischen Gemeinschaft zur Europäischen Union

1. *Einheitliche Europäische Akte:*
    Ziele:

    ➢ Vollendung des gemeinsamen Marktes
    ➢ Festlegung neuer Politikbereiche
    ➢ Abbau des Wohlstandsgefälles

2. *Europäischer Binnenmarkt:*
    Inhalt:

    Vier Grundfreiheiten:
    ➢ Warenverkehr
    ➢ Niederlassungsfreiheit für Personen
    ➢ Dienstleistungen
    ➢ Kapital

3. *Vertrag von Maastricht (= Vertrag über die Europäische Union):*
    Inhalt:

    ➢ Ausbau der EG zur Europäischen Union
    ➢ Einführung einer Unionsstaatsbürgerschaft
    ➢ gemeinsame Außen- und Sicherheitspolitik
    ➢ Schaffung einer politischen Union
    ➢ Schaffung einer europäischen Wirtschafts- und Währungsunion

4. *Vertrag von Amsterdam:*
    Inhalt:

    ➢ Formulierung neuer Gemeinschaftsziele
    ➢ Verbesserung der Zusammenarbeit
    ➢ Verbesserung der gemeinsamen Außen- und Sicherheitspolitik

5. *Vertrag von Nizza:*
    Inhalt:

    ➢ Reformierung der Institutionen der EU
    ➢ Reformierung der Entscheidungsprozesse

b)
➢ Verbesserung des internationalen Wettbewerbs und der internationalen Wettbewerbsfähigkeit
➢ Verbesserung des Wohlstandes
➢ effiziente Nutzung der Ressourcen
➢ Förderung von Wachstum und Wohlstand

> ➤ Freiheit von Handel und Faktorwanderungen
> ➤ Freizügigkeit der Dienstleitungen und Produktionsfaktoren

4 Recht

4.1 Bereicherungsrecht

Norbert könnte einen Anspruch auf Herausgabe des Geldes (110,00 EUR) von Anton gemäß § 812 Abs. 1 BGB haben.
Voraussetzung ist, dass Anton durch Leistung etwas ohne rechtlichen Grund erlangt hat.

> **Etwas erlangt:**

Dies hat Anton, denn er ist Eigentümer des Geldes durch die Übertragung nach § 929 Satz 1 BGB geworden.

> **Durch Leistung:**

Leistung ist die bewusste und zweckgerichtete Mehrung fremden Vermögens. Die Übergabe ist eine Leistung.

> **Ohne Rechtsgrund:**

Der Kaufvertrag (§ 433 BGB) zwischen Anton und Norbert könnte nichtig sein. Nach § 107 BGB bedürfen Rechtsgeschäfte eines beschränkt Geschäftsfähigen, die keinen rechtlichen Vorteil mit sich bringen, der Einwilligung des gesetzlichen Vertreters.
Anton ist 16 Jahre alt und somit beschränkt geschäftsfähig. Ferner stellt die Verpflichtung aus § 433 BGB die Playstation zu übergeben einen rechtlichen Nachteil dar.
Da hier keine Einwilligung der gesetzlichen Vertreter (hier: Eltern) vorliegt, handelt es sich um ein schwebend unwirksamen Kaufvertrag.
Damit das Rechtsgeschäft wirksam wäre, müssten die gesetzlichen Vertreter nach § 108 BGB zustimmen. Da sie dies auch nicht machen, handelt es sich hierbei um ein nichtiges Rechtsgeschäft. Somit liegt kein Rechtsgrund vor.

Fazit:

Nach § 812 Abs. 1 BGB ist Anton verpflichtet, dem Norbert die 110,00 EUR zurückzugeben.
Da Anton aber nicht mehr um 110,00 EUR bereichert ist, muss er nur noch die 50,00 EUR zurückgeben (vgl. § 818 BGB).

4.2   Kreditsicherheit - Sicherungsübereignung

Die Süd-Bank AG könnte einen Anspruch gemäß § 985 BGB in Verbindung mit § 930 BGB auf Herausgabe der Druckmaschine von Schmidt haben.
Hierzu müsste die Süd-Bank AG Eigentümer sein und Schmidt müsste Besitzer sein. Ferner dürfte Schmidt kein Recht zum Besitzhaben ableiten können.

Ursprünglich war der Druckmaschinenhersteller Eigentümer. Es könnte sein, dass er Eigentum an Schmidt übertragen hat.
Schmidt ist durch Einigung und Übergabe nach § 929 Satz 1 BGB Eigentümer geworden.
Es könnte sein, dass Schmidt sein Eigentum auf die Süd-Bank AG übertragen hat. Das ist nun zu prüfen.

Eine Einigung nach § 929 Satz 1 BGB und eine Vereinbarung eines Besitzkonstituts nach § 930 BGB liegen vor.
Der Bestimmtheitsgrundsatz wurde eingehalten und Schmidt war auch Eigentümer, so dass die Süd-Bank AG Eigentum von einem Berechtigten erworben hat.

Fazit:
Die Süd-Bank AG hat einen Herausgabeanspruch nach § 985 BGB.

Es ist jedoch noch zu prüfen, ob das Sicherungseigentum mit einer Grundschuld gemäß § 1192 Abs. 1 BGB in Verbindung mit § 1120 BGB belastet ist.
Dies ist der Fall, wenn die Maschine als Zubehör der Grundschuld haftet.
Nach § 1120 BGB in Verbindung mit § 97 BGB liegt Zubehör vor, da die Maschine dem wirtschaftlichen Zweck der Hauptsache dient.
Weitere Voraussetzung ist, dass der Eigentümer des Grundstücks auch Eigentümer des Zubehörs sein muss. Dies ist gegeben, da die Maschine am 16.01.2007 übereignet wurde. Erst am 30.05.2007 erfolgte die Grundschuldbestellung.

Fazit:
Die Maschine ist mit der Grundschuld belastet und somit ist auch das Sicherungseigentum der Süd-Bank AG mit der Grundschuld belastet.

4.3   Sachenrecht - mobil

a)
Der Verkäufer könnte einen Herausgabeanspruch der S-Briefmarke von Herrn Mohr nach § 985 BGB haben.
Voraussetzung ist, dass der Verkäufer Eigentümer ist und Herr Mohr müsste Besitzer sein. Außerdem dürfte Herr Mohr keine Einwendungen nach § 986 Abs. 1 BGB geltend machen können.

Ursprünglich war der Verkäufer Eigentümer der S-Briefmarke. Durch Einigung und Übergabe nach § 929 Satz 1 BGB hat der Verkäufer Eigentum auf Herrn Mohr übertragen.

Die Einigung könnte nach § 142 Abs. 1 BGB nichtig sein, wenn der Verkäufer diese wirksam angefochten hat. Dieses ist nun zu prüfen.

Voraussetzung ist, dass ein Anfechtungsgrund vorliegt. Der Anfechtungsgrund ist nach § 119 Abs. 1 BGB gegeben, denn der Verkäufer hat sich geirrt. Seine Erklärung war auf die Übereignung der X-Briefmarke gerichtet und nicht auf die S-Briefmarke.

Hinzu kommt, dass die Anfechtungserklärung gegenüber Herrn Mohr gemäß § 143 Abs. 1 BGB erfolgen muss. Die Anfechtungserklärung erfolgt in diesem Fall dadurch, dass der Verkäufer sein Missgeschick dem Herrn Mohr mitteilt und um Rückgabe der S-Briefmarke bittet.

Zu berücksichtigen ist, dass die Anfechtungserklärung (§ 121 BGB) unverzüglich erfolgen muss, d.h. nachdem der Verkäufer von dem Anfechtungsgrund Kenntnis erlangt hat. Auch diese Voraussetzung ist gegeben.

Aufgrund der nichtigen Übereignungserklärung konnte kein Eigentum an Herrn Mohr übertragen werden.

Der Verkäufer ist weiterhin der Eigentümer der S-Briefmarke und kann gemäß § 985 BGB von Herrn Mohr die Herausgabe der Briefmarke verlangen.

Oder:

Der Verkäufer könnte einen Herausgabeanspruch der S-Briefmarke von Herrn Mohr wegen einer ungerechtfertigten Bereicherung gemäß § 812 Abs. 1 Satz 1 BGB haben.

Voraussetzung ist, dass Herr Mohr etwas ohne rechtlichen Grund erlangt hat.

➢ **Etwas erlangt:**

Herr Mohr ist unmittelbarer Besitzer der S-Briefmarke geworden.

➢ **Durch Leistung:**

Leistung ist die bewusste und zweckgerichtete Mehrung fremden Vermögens. Die Übergabe erfolgte zur Erfüllung des abgeschlossenen Kaufvertrages. Somit hat Herr Mohr die S-Briefmarke durch Leistung erworben.

➢ **Ohne Rechtsgrund:**

Für die Voraussetzungen des § 812 Abs. 1 Satz 1 BGB müsste die Leistung ohne Rechtsgrund erfolgt sein.

Der Verkäufer hat sich in dem Kaufvertrag (§ 433 Abs. 1 BGB) verpflichtet, Herrn Mohr die X-Briefmarke zu übergeben und das Eigentum an der X-Briefmarke zu verschaffen. Die Übergabe der S-Briefmarke erfolgte daher ohne Rechtsgrund.

Fazit:

Der Verkäufer hat einen Herausgabeanspruch der S-Briefmarke von Herrn Mohr aufgrund einer ungerechtfertigten Bereicherung gemäß § 812 Abs. 1 Satz 1 BGB.

b)

Herr Mohr könnte einen Anspruch auf Übergabe der X-Briefmarke von dem Verkäufer aus § 433 Abs. 1 BGB haben.

Durch zwei übereinstimmende Willenserklärungen ist zwischen Herrn Mohr und dem Verkäufer ein Kaufvertrag nach § 433 Abs. 1 BGB zustande gekommen. In diesem ist der Verkäufer verpflichtet, Herrn Mohr die X-Briefmarke zu übergeben und ihm das Eigentum an der X-Briefmarke zu verschaffen.

Somit hat Herr Mohr einen Anspruch aus § 433 Abs. 1 BGB gegenüber dem Verkäufer.

4.4   Gesellschaftsrecht

➤   **1. Stadium: Vorgründungsgesellschaft**

Diese Gesellschaft entsteht nach Vereinbarung zur Gründung einer GmbH und vor dem Abschluss des notariellen Gesellschaftsvertrages.

Durch Vertrag verpflichten sich die Gesellschafter, eine GmbH zu gründen. Mögliche Rechtsformen der Vorgründungsgesellschaft sind:

> ➤   eine OHG bei Betrieb eines Handelsgewerbes oder
> ➤   eine BGB-Gesellschaft.

Den Gläubigern gegenüber haftet das Gesellschaftsvermögen der OHG bzw. BGB-Gesellschaft und zusätzlich haften die Gesellschafter persönlich.

➤   **2. Stadium: Vorgesellschaft (Vor-GmbH oder GmbH in Gründung)**

Diese Gesellschaft liegt nach Abschluss des notariellen Gesellschaftsvertrages und vor der Eintragung in das Handelsregister vor.

Es ist eine Personenvereinigung eigener Art und stellt die Vorstufe der GmbH dar. Die Vorschriften des GmbH-Rechts finden analog Anwendung, sofern nicht die Rechtsfähigkeit vorausgesetzt wird.

Haftung:

> ➤   Handelndenhaftung nach § 11 Abs. 2 GmbHG:
>   Nach § 11 Abs. 2 GmbHG haften die im Namen der GmbH Handelnden persönlich und gesamtschuldnerisch.

> > ◆   Das Gesellschaftsvermögen der Vor-GmbH und auch das Vermögen der späteren GmbH
> > ◆   Differenzhaftung der Gründungsgesellschafter

♦ Die Gründungsgesellschafter haften für die Differenz zwischen dem satzungsmäßigen Stammkapital und dem Wert des Gesellschaftsvermögens am Stichtag.

Ansprüche gegen eine Vorgründungsgesellschaft gehen nicht mit Abschluss des notariellen Gesellschaftsvertrages auf die spätere GmbH in Gründung (Vor-GmbH) mit über, weil zwischen den beiden Gesellschaften keine Kontinuität besteht.

> **Stadium: GmbH**

Durch Abschluss des notariellen Gesellschaftsvertrages und der Handelsregistereintragung entsteht die GmbH.
Die Haftung beschränkt sich grundsätzlich auf das Vermögen der GmbH.

4.5 Vertretung - Kaufrecht

Frau Fey könnte einen Anspruch auf Übereignung des Fernsehers gegen Zahlung von 500,00 EUR von Herrn Asmussen aus dem Kaufvertrag gemäß § 433 Abs.1 BGB haben.
Voraussetzung ist, dass der Anspruch entstanden ist.
Hierfür sind zwei übereinstimmende und wirksame Willenserklärungen notwendig.

Herr Asmussen selbst hat keine Weisung erteilt.
Jedoch hat Frau Bahr einen Kaufvertrag abgeschlossen.
Es ist zu prüfen, ob sich Herr Asmussen die Willenserklärung der Frau Bahr gemäß § 164 Abs. 1 BGB zurechnen lassen muss.
Voraussetzung hierfür ist, dass Frau Bahr eine eigene Willenserklärung im fremden Namen innerhalb der Vertretungsmacht abgibt.
Frau Bahr gibt eine eigene Willenserklärung im Namen des Herrn Asmussen ab.
Jedoch hat dieser ihr keine Vertretungsmacht erteilt. Somit handelt Frau Bahr ohne Vertretungsmacht.
Gemäß § 177 Abs. 1 BGB weigert sich Herr Asmussen zu Recht.

Fazit:
Da Frau Bahr keine Vertretungsmacht hatte, ist zwischen Herrn Asmussen und Frau Fey kein Kaufvertrag zustande gekommen.
Auch ein Kaufvertrag zwischen Frau Bahr und Frau Fey ist nicht geschlossen worden.
Aber nach § 179 Abs. 1 BGB hat Frau Fey einen Anspruch auf Erfüllung oder Schadensersatz. Da Frau Bahr keinen Fernseher hat, könnte Frau Fey nur Schadensersatz von Frau Bahr verlangen.

4.6   Handelsrecht

Die Nordbank AG könnte einen Anspruch auf Zins- und Tilgungsleistung von K aus dem Darlehensvertrag gemäß § 488 Abs. 1 Satz 2 BGB haben.
Voraussetzung ist, dass der Anspruch entstanden ist.

K und die Nordbank AG haben keinen Darlehensvertrag geschlossen.
Jedoch haben B und die Nordbank AG einen Darlehensvertrag geschlossen.
Es könnte sein, dass sich K die Willenserklärung des B gemäß § 164 Abs. 1 BGB zurechnen lassen muss.
Voraussetzung hierfür ist, dass B eine eigene Willenserklärung im fremden Namen und innerhalb der Vertretungsmacht abgegeben hat.
Eine eigene Willenserklärung des B liegt vor. Er hat diese auch im Namen des K abgegeben.
Es ist zu prüfen, ob B innerhalb der Vertretungsmacht gehandelt hat.
K hat dem B keine Prokura erteilt.
Somit liegt keine Vertretungsmacht vor. Jedoch könnte sich die Bank eventuell auf § 15 Abs. 3 HGB berufen.
Voraussetzungen:

> ➢ Die Prokuraerteilung muss eine eintragungspflichtige Tatsache darstellen.
> ➢ Es muss eine unrichtige Bekanntmachung vorliegen.
> ➢ Die Nordbank AG muss gutgläubig sein, d.h. sie durfte die Unrichtigkeit nicht kennen.
> ➢ Es durfte keine Einschränkung durch das Veranlassungsprinzip vorliegen.

Bei der Prokuraerteilung handelt es sich nach § 53 Abs. 1 Satz 1 HGB um eine eintragungspflichtige Tatsache. Da eigentlich P zum Prokuristen bestellt worden ist, handelt es sich bei B um eine unrichtige Bekanntmachung. Bei Darlehensaufnahme durch den B kannte die Nordbank AG die Unrichtigkeit nicht.
Es liegt auch keine Einschränkung durch das Veranlassungsprinzip vor, denn K hat eine Eintragung veranlasst.

Fazit:
Die Nordbank AG hat einen Anspruch auf Zins- und Tilgungsleistung von K aus dem Darlehensvertrag gemäß § 488 Abs. 1 Satz 2 BGB.

Abwandlung:
Die Lösung der Abwandlung entspricht der Lösung des eigentlichen Sachverhaltes, denn K hat eine Eintragung veranlasst. Wer den Fehler gemacht hat, der zu der unrichtigen Eintragung führt, ist unerheblich.
Somit hat die Nordbank AG auch hier einen Anspruch auf Zins- und Tilgungsleistung von K aus dem Darlehensvertrag gemäß § 488 Abs. 1 Satz 2 BGB.

PRÜFUNGSSATZ IV

1 Allgemeine Bankbetriebswirtschaft

Bearbeitungszeit 120 Minuten, 100 Punkte

1.1 Eigenmittel und Solvabilitätsverordnung

Berechnen Sie anhand der nachstehenden Werte das Kernkapital, das Ergänzungskapital, das modifizierte, verfügbare Eigenkapital. Ermitteln Sie zusätzlich die Gesamtkennziffer und beurteilen Sie die Eigenmittelausstattung der Nordbank AG. Berücksichtigen Sie, dass die Bank eine expansive Kreditpolitik betreibt.

	Mio. EUR
gezeichnetes Kapital	315,0
Rücklagen	1.760,0
Sonderposten nach § 340g HGB	530,0
Vorsorgereserven nach § 340f HGB	1.050,0
nicht realisierte Reserven (ungewichtet)	550,0
Genussrechte; Restlaufzeit 1 Jahr	870,0
längerfristige Nachrangverbindlichkeiten	1.450,0
risikogewichtete KSA-Positionswerte	60.000,0
Anrechnungsbetrag für operationelle Risiken	300,0

1.2 Gewinn- und Verlustrechnung - Ergebnisausweis

Die Nordbank AG bilanziert nach den HGB-Vorschriften. Vor Erstellung des Jahresabschlusses für das Geschäftsjahr 2006 werden die nachstehenden Beträge (in Mio. EUR) ermittelt.

a) Die Nordbank AG strebt an, dass externe Bilanzleser so wenig Einblick wie möglich erhalten. Erläutern Sie, in welchen Positionen der Gewinn- und Verlustrechnung der Ausweis der einzelnen Werte erfolgen muss. Nennen Sie auch die entsprechende Höhe.

	Wertpapiere des Handelsbestandes	Wertpapiere des Anlagevermögens	Forderungen an Kunden und KI	Wertpapiere der Liquiditätsreserve
Abschreibungen und realisierte Verluste	9,8	6,5	15,3	13,1
realisierte Gewinne und Erträge aus Zuschreibungen	6,5	3,4	11,2	17,7

b) Die Bildung von stillen Vorsorgereserven wird in § 340f HGB geregelt und gilt für deutsche Kreditinstitute.

Erläutern Sie die Gründe, warum stille Vorsorgereserven gebildet werden dürfen und nennen Sie fünf Begründungen, die gegen § 340f HGB Reserven sprechen.

1.3 PWB - Ermittlung

Die Ostbank AG hat ihre Forderungen gegenüber Kunden und Kreditinstituten zum 31.12.2006 bewertet. Neben den bereits gebildeten Einzelwertberichtigungen möchte die Ostbank AG auch das latente Kreditrisiko durch Bildung von unversteuerten Pauschalwertberichtigungen (PWB) absichern.

Ermitteln Sie die für die Ostbank AG mögliche PWB zum 31.12.2006.

Die Ostbank AG verfügt per 31.12.2006 über folgenden Forderungsbestand in Mio. EUR:

Forderungen an Kunden (nach Direktabschreibungen) laut Inventur:	400,00
davon	
risikofreie Forderungen	110,00
einzelwertberichtigte Forderungen	22,00
Einzelwertberichtigungen per 31.12.2006:	10,00

Der tatsächliche Forderungsausfall in den Jahren 2002 – 2006 zeigt folgendes Bild in Mio. EUR:

	2002	2003	2004	2005	2006
Verbrauch an EWB	1,150	1,370	1,050	0,980	1,550
Direktabschreibungen	0,830	0,940	0,980	1,005	0,810
Eingänge abgeschriebene Forderungen	0,120	0,250	0,156	0,120	0,135
tatsächlicher Forderungsausfall	1,860	2,060	1,874	1,865	2,225

Das risikobehaftete Kreditvolumen belief sich in den Jahren 2001 – 2005 auf folgende Werte in Mio. EUR:

	2001	2002	2003	2004	2005
Forderungen an Kunden	300,00	290,00	335,00	350,00	410,00
abzgl. risikofreie Forderungen	110,00	130,00	120,00	110,00	128,00
risikobehaftetes Kreditvolumen	190,00	160,00	215,00	240,00	282,00

1.4 Zinsbindungsbilanz

Die Nordwestbank AG stellt Ihnen als Controller folgende Elastizitätsbilanz (Angaben in Mio. EUR) zur Verfügung.

Aktivseite	Volumen	Elastizität	Passivseite	Volumen	Elastizität
variabler Zins	4.500,0	0,5	variabler Zins	9.000,0	0,4
Festzins	10.500,0	0,0	Festzins	6.000,0	0,0
Summe	15.000,0		Summe	15.000,0	

a) Definieren Sie den Begriff „Zinselastizität".

b) Errechnen Sie, wie sich eine Marktzinssenkung um 2% auf das Zinsänderungsrisiko und auf die einzelnen Zinskomponenten auswirkt.

c) Beschreiben Sie den Aufbau einer statischen Zinsbindungsbilanz.

d) Sie erhalten die nachstehende Übersicht der B-Bank. Beantworten Sie in diesem Zusammenhang folgende Fragen:

➢ Welches Zinsänderungsrisiko liegt vor?
➢ Welche Erwartungen hat die Bank?

	Festzinspositionen der B-Bank
Festzinsaktiva	90,0 Mio. EUR
Festzinspassiva	80,0 Mio. EUR

1.5   Basel II / Solvabilitätsverordnung

Seit dem 01. Januar 2007 müssen die Eigenkapitalvorschriften, die vom Basler Ausschuss für Bankenaufsicht entwickelt worden sind, in den Mitgliedsstaaten der Europäischen Union von allen Kreditinstituten und Finanzdienstleistungsinstituten angewandt werden.

a) Die Gewichtung der Risikoaktiva erfolgt nach der Bonität auf Basis des Ratings des Kreditnehmers (ratingabhängige Gewichtung).
    Grenzen Sie den Standardansatz von dem Internen Ratingansatz (IRB) ab.

b) Zur Kapitalunterlegung sind bei den einzelnen Ratingstufen vier Parameter maßgeblich. Nennen und beschreiben Sie diese.

1.6   Eigenmittel – Konsolidierung

Die Preußenbank AG übernimmt die Kleinbank AG. Kaufpreis 180,0 Mio. EUR. Die Beteiligungsquote beträgt 100%.

Vor der Übernahme liegen folgende Daten vor in Mio. EUR:

Preußenbank AG:

➢ risikogewichtete KSA-Positionswerte: (es sind noch 60,0 nachrangige   3.624,0
    Verbindlichkeiten der neuen Tochter enthalten)

➢ gezeichnetes Kapital: 360,0

➢ Rücklagen: 36,0

➢ längerfristige nachrangige Verbindlichkeiten: 180,0

➢ Genussrechte: 96,0

Kleinbank AG:

- ➤ risikogewichtete KSA-Positionswerte: 1.176,0
- ➤ Rücklagen: 12,0
- ➤ längerfristige nachrangige Verbindlichkeiten: 96,0
- ➤ gezeichnetes Kapital: 108,0

> Operationelle Risiken und Marktrisiken bleiben in dieser Aufgabe unberücksichtigt.

a) Berechnen Sie das modifizierte, verfügbare Eigenkapital und die gesamten risikogewichteten KSA-Positionswerte der Institutsgruppe für das Jahr des Erwerbs.

b) Der Kaufpreis, den die Preußenbank AG zahlt, ist größer als der Substanzwert der Kleinbank AG.

- ➤ Erläutern Sie, warum die Preußenbank AG bereit ist, den höheren Kaufpreis zu zahlen.
- ➤ Wie ist der Firmenwert in den Jahren nach der Übernahme bei der Ermittlung des haftendem Eigenkapitals zu behandeln?

c) Erklären Sie, was unter dem Begriff „Kreditpyramiden" zu verstehen ist.

2   Betriebswirtschaft

Bearbeitungszeit 120 Minuten, 100 Punkte

2.1   Personalbeschaffung

Die Berlinbank eG möchte einen neu geschaffenen Arbeitsplatz besetzen.

a)   Unterscheiden Sie in diesem Zusammenhang zwischen der internen und externen Personalbeschaffung.

b)   Erläutern Sie je vier Vor- und Nachteile der jeweiligen Personalbeschaffung.

2.2   Teamentwicklung

Eine Teamentwicklung erfolgt in verschiedenen Phasen.

a)   Erläutern Sie die vier Phasen einer Teambildung.

b)   Obwohl formelle Strukturen vorhanden sind, bilden sich immer wieder „informelle Gruppen". Beschreiben Sie, was unter informellen Gruppen zu verstehen ist.

2.3   Finanzierung – Finanzierung aus Vermögensumschichtung

Neben der Innenfinanzierung aus dem Umsatzprozess (Cash-Flow) ist auch die Finanzierung aus Vermögensumschichtung möglich.

a)   Beschreiben Sie allgemein, was unter der „Finanzierung aus Vermögensumschichtung" zu verstehen ist.

b)   Erläutern Sie die drei Ihnen bekannten Formen der „Finanzierung aus Vermögensumschichtung".

2.4   Deckungsbeitragsrechnung

Bei der Produktion von Betten muss eine Engpasssituation berücksichtigt werden.
Es werden insgesamt drei verschiedene Ausführungen hergestellt.

Ausführung	Verkaufspreis	variable Stückkosten	Produktionsdauer / Stück in Minuten
Luxus	960,00 EUR	408,00 EUR	12,0
Komfort	900,00 EUR	420,00 EUR	14,4
Bequem	864,00 EUR	360,00 EUR	9,6

Maximalkapazität : 390 Stunden im Monat

Fixkosten je Monat : 780.000,00 EUR

a)   Welche Ausführung weist den geringsten relativen Deckungsbeitrag auf?

b)   Ermitteln Sie das Betriebsergebnis bei dem gewinnoptimalen Produktionspro-
      gramm.

mögliche Verkaufsmengen am Markt in Stück:

Luxus   1.296

Komfort   600

Bequem   720

2.5   Bewertungsspielräume

a)
Das Unternehmen Hugo-Hopf-GmbH hat einen Anbau, der für die Produktion be-
nötigt wird, selbst vorgenommen.
Nach Abschluss der Arbeiten wurden die nachstehenden Kosten ermittelt.

Ermitteln Sie jeweils den handelsrechtlich und steuerrechtlich niedrigsten bzw.
höchsten Wertansatz in der Bilanz der Hugo-Hopf-GmbH.

Ermitteln Sie auch den Wertansatz nach IAS/IFRS.

Materialeinzelkosten	180.000,00 EUR
Löhne für die Fertigung	75.000,00 EUR
Materialgemeinkostenzuschlagssatz	20,00%
Fertigungsgemeinkostenzuschlagssatz	45,00%
Zuschlag Verwaltung + Vertrieb	15,00%
Statiker- und Bauamtskosten	9.000,00 EUR

Hinweise:

Der Anteil der Vertriebskosten am Zuschlagssatz „Verwaltung + Vertrieb" beträgt 30%.
Bei den Verwaltungskosten handelt es sich um „allgemeine Verwaltungskosten".

b)

Im Wege der Globalisierung der Märkte sind internationale und einheitliche Bilanzierungs- und Bewertungsregeln notwendig. In diesem Zusammenhang wurden die IAS/IFRS entwickelt.

Beschreiben Sie die Zielsetzung der IAS/IFRS:

2.6 Investitionsrechnung – Dynamische Investitionsrechnung

Eine Investition weist folgende Ein- und Auszahlungen auf:

Jahr	Auszahlung	Einzahlung
1	15.000,00 EUR	24.000,00 EUR
2	21.000,00 EUR	55.000,00 EUR
3	21.000,00 EUR	59.000,00 EUR
4	16.000,00 EUR	51.000,00 EUR
5	14.000,00 EUR	48.000,00 EUR

Die Anschaffungskosten betrugen:	125.000,00 EUR
Am Ende der Nutzungsdauer kann ein Liquiditätserlös erzielt werden. Er beträgt:	15.000,00 EUR
Kalkulationszinsfuß:	8%

a)   Ermitteln Sie den Kapitalwert der Investition.

b)   Interpretieren Sie allgemein den „Kapitalwert" hinsichtlich folgender Tatsachen:

> Differenz der Barwerte
> Vermögenszuwachs
> Grenz- oder Marktpreis der Investition
> Kalkulationszinsfuß (KZF)
> Einzahlungsüberschüsse
> Zeitpunkt der Einzahlungsüberschüsse

3 Volkswirtschaft

Bearbeitungszeit 120 Minuten, 100 Punkte

3.1 Lohnpolitik

Auch im Jahr 2007 haben verschiedene Gewerkschaften und Arbeitgeberverbände über die Entwicklung der Tariflöhne verhandelt. Ein Konzept im Rahmen der Lohnpolitik basiert auf produktivitätsorientierten Löhnen.

a) Beschreiben Sie dieses Konzept mit eigenen Worten und gehen Sie auch auf positive und negative Aspekte ein.

b) Beurteilen Sie, ob durch die produktivitätsorientierte Lohnpolitik ein Abbau der Unterbeschäftigung möglich ist.

3.2 Geldpolitik

Die Europäische Zentralbank (EZB) verfolgt als Hauptziel die Sicherung der Preisniveaustabilität.
Es kann festgestellt werden, dass in Ländern mit einer unabhängigen Notenbank die Inflation geringer ist als in den Ländern mit einer „abhängigen" Notenbank.

a) Nennen und beschreiben Sie drei Gründe/Argumente für die Unabhängigkeit.

b) Nennen und beschreiben Sie vier Formen der Unabhängigkeit.

c) Zur Umsetzung der geldpolitischen Strategien werden geldpolitische Instrumente benötigt.

> ➤ Erläutern Sie, was unter den ständigen Fazilitäten zu verstehen ist.

> ➤ Im Bereich der Offenmarktgeschäfte lassen sich Hauptrefinanzierungsgeschäfte und längerfristige Refinanzierungsgeschäfte unterscheiden. Erläutern Sie diese.

3.3   Monopol

a)   Zeigen Sie anhand einer Grafik (Preis-Mengen-Diagramm) die Preisbildung im Monopol und im Polypol.

b)   Welche Unterschiede sind zwischen dem Monopol und Polypol zu erkennen.

c)   Berechnen Sie anhand der nachfolgenden Funktionen den Monopolpreis sowie die Monopolmenge.

Nachfragekurve: $P = 28 - x$
Grenzkosten: $K' = 4 + x$

3.4   Zahlungsbilanz

Die Zahlungsbilanz ist die statistische Gegenüberstellung (systematische Zusammenfassung) aller wirtschaftlichen (ökonomischen) Transaktionen im internationalen Kapital-, Waren- und Dienstleistungsverkehr zwischen Gebietsansässigen (Inland) und Gebietsfremden (Ausland) während eines Zeitraumes.

a)   Erläutern Sie den Aufbau der Zahlungsbilanz (inkl. der Unterbilanzen).

b)   Nennen Sie die einzelnen Unterbilanzen der Zahlungsbilanz, die bei den nachfolgenden Geschäften betroffen sind.

➢   Inländer erhalten Zinserträge für ausländische Wertpapiere.

➢   Es werden Handelswaren nach China exportiert. Das Zahlungsziel beträgt 60 Tage.

➢   Ein im Ausland aufgenommenes Darlehen wird zurückgezahlt.

3.5   Inflation

Inflation bedeutet, dass das Preisniveau ansteigt und die Kaufkraft des Geldes sinkt. Allgemein wird zwischen der Nachfrageinflation und der Angebotsinflation unterschieden.

a)   Beschreiben Sie die Voraussetzungen für eine Nachfrage- und Angebotsinflation.

b) In Zeiten des Preisniveauanstiegs (Inflation) gibt es Gewinner und Verlierer.
Nennen Sie jeweils drei Gewinner und Verlierer. Beschreiben Sie in diesem
Zusammenhang drei Strategien, mit denen man sich gegen die negativen Fol-
gen einer Inflation schützen kann.

3.6 Beschäftigungspolitik - Phillipskurve

Der englische Ökonom A. Phillips hat im Jahre 1958 die sogenannte Phillips-Kurve
veröffentlicht.
Die ursprüngliche Phillips-Kurve wurde in den nachfolgenden Jahren immer weiter
modifiziert.

a) Stellen Sie die Aussagen der ursprünglichen Phillips-Kurve dar.

b) Die im Jahre 1960 modifizierte Phillips-Kurve stellt einen Zielkonflikt zwischen
zwei wirtschaftlichen Zielen dar. Beschreiben Sie die Erkenntnisse aus der modifizierten Phillips-Kurve kritisch.
Zur Veranschaulichung zeichnen Sie bitte die Phillips-Kurve auf.

4 Recht

Bearbeitungszeit 120 Minuten, 100 Punkte

4.1 Kreditsicherheit - Pfandrecht

Herr Clausen benötigt dringend liquide Mittel. Daher nimmt er bei der Südbank AG einen Kredit auf. Als Sicherheit möchte er eine wertvolle Briefmarkensammlung verpfänden.

Die Briefmarkensammlung gehört seiner Mutter. Herr Clausen entwendet sie aus dem Tresor und ist der Meinung, dass seine Mutter wohl nichts dagegen hat.

a) Hat die Südbank AG ein wirksames Pfandrecht erworben?

b) Wie beurteilen Sie den Fall, wenn die Bank erlaubt, dass die Briefmarkensammlung weiterhin im Tresor der Mutter verwahrt werden soll?

4.2 Kreditsicherheit - Grundschulden

Herr Witt möchte sich im Frühjahr 2006 ein Motorrad kaufen, um damit an den Wochenenden lange Fahrten unternehmen zu können.

Sein Nachbar, Herr Stein, der ebenfalls begeisterter Motorradfahrer ist, gewährt Herrn Witt ein Darlehen in Höhe von 13.000,00 EUR. Als Sicherheit verlangt er, dass der Vater von Herrn Witt eine Hypothek an seinem Grundstück bestellen lässt. Im Nachrang tritt Herr Stein die Forderung gegen Herrn Witt sowie die Hypothek an seinen Schwager Kurt ab. Da Herr Witt über diesen Vorgang nicht informiert wird, zahlt er weiterhin seine Raten an Herrn Stein.

Nach vollständiger Rückzahlung des Darlehens an Herrn Stein verlangt Kurt ebenfalls die Rückzahlung. Andernfalls möchte Kurt die Zwangsvollstreckung in das Grundstück des Vaters betreiben.

Erläutern Sie die Ansprüche von Kurt.

4.3   Verzinsung

Die Hessen-Bank AG schließt mit ihrem Kunden Herrn T. Berger, der im Bereich Maschinenbau als eingetragener Kaufmann tätig ist, einen Kredit in Höhe von 27.000,00 Euro ab. Herr Berger plant die Anschaffung einer weiteren Fertigungsanlage. Der Mitarbeiter aus der Kreditabteilung fertigt den entsprechenden Vertrag. Hierbei vergisst er die Höhe des Zinssatzes einzutragen.
Nach Vertragsunterzeichnung von Herrn Berger wird der Darlehensbetrag an ihn ausgezahlt.
Erst später fällt dem Mitarbeiter sein Versehen auf. Er fragt sich, ob die Hessen-Bank AG dennoch Zinsen verlangen kann und wenn ja, in welcher Höhe?

4.4   Familienrecht

Für den 15-jährigen Andreas, dessen Eltern bei einem Autounfall ums Leben gekommen sind, wurde Herr Hansen zum Vormund bestellt.
Bitte prüfen und begründen Sie, ob Herr Hansen die nachstehenden Rechtsgeschäfte vornehmen darf.

a)   Herr Hansen selbst hatte Geld für Klaus angelegt. Ein Sperrvermerk wurde nicht eingetragen, obwohl dieser mehrmals gefordert wurde.

b)   Herr Hansen möchte die Zinsen der festverzinslichen Wertpapiere in Höhe von 4.100,00 EUR für Andreas abheben.

c)   Herr Hansen beabsichtigt, einen Kredit für Andreas aufzunehmen. Die Absicherung soll über eine neu einzutragende Grundschuld an dem Grundstück von Andreas erfolgen.

d)   Herr Hansen möchte von dem Sparkonto von Andreas eine Summe in Höhe von 5.200,00 EUR abheben.

e)   Herr Hansen will die festverzinslichen Wertpapiere von Andreas verkaufen.

4.5   Grundstücksrecht

Herr Eckert verkauft sein Grundstück an Frau Buchwald und verschafft ihr das Eigentum. Erst später stellt sich heraus, dass Frau Buchwald an einer nicht erkennbaren Geisteskrankheit leidet. Herr Eckert möchte daraufhin verhindern, dass sie das

Grundstück an einen gutgläubigen Dritten weiterveräußert.

Kann Herr Eckert das verhindern?

4.6 Zwangsvollstreckung

Ein Rechtsmittel zur Durchsetzung von Ansprüchen ist der Pfändungs- und Überweisungsbeschluss.

Erläutern Sie in diesem Zusammenhang, welche Ansprüche aus Krediten/Darlehen pfändbar sind und welche nicht.

LÖSUNGSHINWEISE
PRÜFUNGSSATZ IV

Allgemeine Bankbetriebswirtschaft

1.1 Eigenmittel und Solvabilitätsverordnung

Kernkapital:	
gezeichnetes Kapital inkl. Vorzugsaktien	315,0
+ Rücklagen	1.760,0
+ Sonderposten nach § 340g HGB	530,0
= Kernkapital	2.605,0

Ergänzungskapital:	
Vorsorgereserven nach § 340f HGB	1.050,0
+ nicht realisierte Reserven (Summe)	0,0
= Ergänzungskapital 1. Klasse	1.050,0

Die Restlaufzeit der Genussrechte beträgt weniger als 2 Jahre. Von daher dürfen sie nicht als Ergänzungskapital angesetzt werden.

Kernkapital:	2.605,0
risikogewichtete KSA-Positionswerte = Gesamtanrechnungsbetrag für Adressrisiken x 12,5	60.000,0
Der Kernkapitalkoeffizient beträgt:	4,34%

Die nicht realisierten Reserven werden deshalb nicht anerkannt.

längerfristige Nachrangverbindlichkeiten	1.450,0
= Ergänzungskapital 2. Klasse	1.450,0
max. jedoch 50% des Kernkapitals	1.302,5

	Ergänzungskapital 1. Klasse	1.050,0
+	Ergänzungskapital 2. Klasse (evtl. gekappt)	1.302,5
=	Ergänzungskapital:	2.352,5
	max. in Höhe des Kernkapitals	2.352,5

	Kernkapital	2.605,0
+	Ergänzungskapital	2.352,5
	modifiziertes, verfügbares Eigen- kapital = anrechenbare Eigenmittel	4.957,5

Gesamtkennziffer:

$$\frac{\text{anrechenbare Eigenmittel (4.957,5)} \times 100}{\text{12,5-Fache der Anrechnungsbeträge für Adressrisiken, operationelle Risiken und Marktrisikopositionen inkl. Optionsgeschäfte (63.705,0)}} = 7,78\ \%$$

Die Kapitalausstattung der Nordbank AG entspricht zur Zeit nicht den gesetzlichen Anforderungen. Bei einem expansiven Kreditgeschäft sollte daher unbedingt die Eigenmittelausstattung verbessert werden, so dass auch die nicht realisierten Reserven anerkannt werden können.

1.2   Gewinn- und Verlustrechnung - Ergebnisausweis

a)
1. Nettoertrag oder Nettoaufwand aus Finanzgeschäften (Werte in Mio.):

= 6,5 – 9,8 = - 3,3 Nettoaufwand aus Finanzgeschäften

Nach § 340c Abs. 1 HGB besteht eine Kompensationspflicht.

2. Abschreibungen und Wertberichtigungen/Erträge aus Zuschreibungen zu Forderungen und bestimmten Wertpapieren (Werte in Mio.):

= 11,2 + 17,7 – 15,3 – 13,1 = + 0,5 Ertrag aus Forderungen und bestimmten Wertpapieren

Nach § 340f Abs. 3 HGB besteht ein Kompensationswahlrecht.

3. **Abschreibungen und Wertberichtigungen/Erträge aus Zuschreibung zu Beteiligungen, Anteilen an verbundenen Unternehmen und wie Anlagevermögen behandelte Wertpapiere:**

= 3,4 – 6,5 = - 3,1 Aufwand aus Finanzanlagen

Nach § 340c Abs. 2 HGB besteht ein Kompensationswahlrecht.

b)

Die Gründe für § 340f HGB-Reserven liegen darin, dass Ergebnisschwankungen aufgrund externer Effekte ausgeglichen werden sollen. Durch Bildung bzw. Auflösung soll ein kontinuierliches Ergebnis ausgewiesen werden. Ziel ist somit das Vertrauen von Kunden zu erhalten und die Sicherung des Bankenwesens. Daher dürfen Forderungen und Wertpapiere der Liquiditätsreserve mit einem niedrigeren als dem nach § 253 Abs. 1 Satz 1 und Abs. 3 HGB vorgeschriebenen Wert nach kaufmännischer Beurteilung angesetzt werden.

Argumente gegen § 340f HGB-Reserven:

➢ Es stellt ein Ergebnisglättungspotenzial dar. Somit wird die wahre Erfolgslage nicht ausgewiesen.
➢ Durch die Überkreuzkompensation ist es ein Verschleierungspotenzial. Somit hat man keinen Einblick in die wahren Aufwendungen und Erträge der Bank.
➢ Da es nach HGB und somit nach § 340f HGB um den Gläubigerschutz geht, kommt der Anlegerschutz nur an zweiter Stelle, obwohl immer mehr Unternehmen nach dem Prinzip des „Shareholder Values" geführt werden.
➢ Das Vorsichtsprinzip geht zu Lasten der Informationsfunktion des Jahresabschlusses.
➢ Kein Ausweis des wahren Vermögens und der wahren wirtschaftlichen Lage aufgrund der aktivischen Absetzung auf der Aktivseite.

1.3 PWB – Ermittlung

1. Schritt: Ermittlung des durchschnittlichen tatsächlichen Forderungsausfalles:	
Ausfall in 2002	1.860.000,00
Ausfall in 2003	2.060.000,00
Ausfall in 2004	1.874.000,00
Ausfall in 2005	1.865.000,00

Ausfall in 2006	2.225.000,00
Summe	9.884.000,00
Durchschnitt:	1.976.800,00

2. Schritt: maßgeblicher Forderungsausfall:

durchschnittlicher tatsächlicher Forderungsausfall:	1.976.800,00
abzgl. 40% (max. EWB am Bilanzstichtag):	- 790.720,00
	1.186.080,00

3. Schritt: Ermittlung des durchschnittlichen risikobehafteten Kreditvolumens der letzten 5 Bilanzstichtage in Mio. EUR:

Jahr 2001	190,00
Jahr 2002	160,00
Jahr 2003	215,00
Jahr 2004	240,00
Jahr 2005	282,00
Summe:	1.087,00
Durchschnitt:	217,4

4. Schritt: PWB-Satz:

$$\frac{\text{maßgeblicher Forderungsausfall} * 100}{\text{durchschnittliches risikobehaftetes Kreditvolumen}}$$

$$\frac{1.186.080,00 * 100}{217.400.000,00} = 0,55\% \text{ (gerundet)}$$

5. Schritt: PWB-Betrag zum 31.12.2006:

Gesamtforderungen	400.000.000,00
abzgl. sichere Forderungen	110.00.000,00
abzgl. EWB-Forderungen	22.000.000,00
=	268.000.000,00
darauf den PWB-Satz	1.474.000,00 PWB zum 31.12.2006

1.4 Zinsbindungsbilanz

a)

Sie gibt an, um wie viel Prozent-Punkte der Kundenzins bei einer einprozentigen Marktzinsänderung verändert werden kann, z.B. Zinselastizität 0,5.

Beispiel:
Wenn sich der variable Zins am Geld- und Kapitalmarkt um 1%-Punkt verändert, so ändert sich der Kundenzins um 0,5%-Punkte.

b)

Aktivseite	Volumen	Elastizität	Passivseite	Volumen	Elastizität
variabler Zins	4.500,0	0,5	variabler Zins	9.000,0	0,4
Festzins	10.500,0	0,0	Festzins	6.000,0	0,0
Summe	15.000,0		Summe	15.000,0	

ZINSVERÄNDERUNG: 2,00%-PUNKTE ZINSSENKUNG

Aktivseite	Volumen	Elastizität	Veränderungen Zinsertrag
variabler Zins	4.500,0	0,5	- 45,0
Festzins	10.500,0	0,0	0,0
Summe	15.000,0		- 45,0

Passivseite	Volumen	Elastizität	Veränderungen Zinsertrag
variabler Zins	9.000,0	0,4	- 72,0
Festzins	6.000,0	0,0	0,0
Summe	15.000,0		- 72,0

Das gesamte Zinsänderungsrisiko beläuft sich auf - 27,0 Mio. EUR, d.h. es besteht eine Zinsänderungschance (Zinsüberschuss erhöht sich um 27,0 Mio. EUR).

Variable Zinspositionen:
Der Zinsertrag in diesem Bereich sinkt stärker als der Zinsaufwand. Der Grund liegt in der höheren Elastizität auf der Aktivseite.

0,5 – 0,4 = 0,1   (bezogen auf eine 2%-ige Senkung entspricht das 0,2)

4.500,0 * 0,2 = 9,0 Mio. EUR Zinsänderungsrisiko, d.h. der Zinsüberschuss sinkt.

Festzinspositionen:
In der geschlossenen Festzinsposition (6.000,0) ergeben sich keine Veränderungen. Da aber einer aktiven Festzinsposition in Höhe von 4.500,0 eine variable Passivposition in gleicher Höhe gegenübersteht, sinkt hier der Zinsaufwand um 36,0 (4.500,0 * 0,8).

c)
Die Gliederung der Bilanz erfolgt nach variabel verzinslichen und festverzinslichen Positionen.
Es erfolgt eine Erfassung und Gegenüberstellung der aktiven und passiven Festzinspositionen.

➤   Ermittlung der offenen Festzinspositionen bzw.
➤   aktiver oder passiver Festzinsüberhang bzw.
➤   aktive oder passive Festzinslücke.

Im variablen Bereich führen Marktzinsveränderungen zu analogen Kundenzinsänderungen (bzgl. Höhe und Zeitraum der Anpassung).
Das Zinsspannenrisiko entsteht dadurch, dass sich festverzinsliche Positionen nicht einer Zinsniveauveränderung anpassen. Dagegen passen sich die variablen Positionen der Festzinslücke der Zinsniveauveränderung an.

d)
➤   **Es liegt ein passivisches Zinsänderungsrisiko vor.**
     Das passivische Zinsänderungsrisiko besteht aufgrund der passivischen Festzinslücke (aktiver Festzinsüberhang).
     Das Risiko ist, dass das Zinsniveau steigt und der variable Teil der passivischen Festzinslücke angepasst werden muss. Somit steigen die Zinskosten der Passivseite und die gesamte Zinsmarge der B-Bank sinkt.

➤   **Die Bank rechnet mit sinkenden Zinsen.**
     Folgen:
     ➤   Zinserträge auf der Aktivseite sinken nur unterproportional
     ➤   Zinsaufwand auf der Passivseite sinkt

1.5   Basel II / Solvabilitätsverordnung

a)
Standardansatz:
Beim Standardansatz werden nur externe Ratings akzeptiert.
Die Gewichtungsfaktoren für extern geratete Kreditnehmer liegen zwischen 0% und 150%.

Alle nicht gerateten Kredite fließen grundsätzlich mit 100% in die Risikoaktiva ein. Die notwendigen Eigenkapitalanforderungen sind tendenziell höher als beim IRB. Die Risikogewichtung wird vorgegeben. Es ist keine individuelle Genehmigung/ Anerkennung durch die Bankenaufsicht nötig.

Interner Ratingansatz:
Bei dem Internen Ratingansatz werden interne Ratings akzeptiert. Die notwendigen Eigenkapitalanforderungen sind tendenziell niedriger als beim Standardansatz. Die Risikogewichtung wird individuell ermittelt und es ist eine individuelle Genehmigung/Anerkennung durch die Bankenaufsicht nötig.

b)
Ausfallwahrscheinlichkeit:
Die Ausfallwahrscheinlichkeit gibt an, wie viele Kredite einer bestimmten Risikoklasse voraussichtlich innerhalb des nächsten Jahres ausfallen werden. Grundlage hierfür sind Ausfallzeitreihen aus der Vergangenheit (= Erfahrungswerte aus der Vergangenheit). Es wird ein Prozentwert ermittelt, wie viele Kredite einer Risikoklasse in der Vergangenheit ausgefallen sind.
Die mathematische Ermittlung erfolgt auf Basis der Optionspreistheorie. Hierbei ist gedanklich der Kreditnehmer der Käufer einer PUT-Option und die Bank der Stillhalter (= Verkäufer). Der Preis der Option stellt die Wahrscheinlichkeit des Kreditausfalls dar.

Kreditinanspruchnahme bei Ausfall:
Es ist die aktuelle Inanspruchnahme des Kredites.

Restlaufzeit:
Mit längeren Laufzeiten nimmt die Ausfallwahrscheinlichkeit zu.

Verlust bei Ausfall:
Der Verlust bei Ausfall gibt an, wie viel Prozent einer Kreditforderung tatsächlich bei Ausfall abgeschrieben werden müssen.

1.6 Eigenmittel – Konsolidierung

a)

Kernkapital:

Mutter

gezeichnetes Kapital	360,0
Rücklagen	36,0

Tochter

gezeichnetes Kapital	108,0
Rücklagen	12,0
=	516,0
- Buchwert der Beteiligung	180,0
+ aktivischer Unterschiedsbetrag	60,0
= Kernkapital Gruppe	396,0

Ergänzungskapital 1. Klasse:

Mutter

Genussrechte	96,0
Tochter	0,0
=	96,0

Ergänzungskapital 2. Klasse:

Mutter

längerfristige nachrangige Verbindlichkeiten	180,0

Tochter

längerfristige nachrangige Verbindlichkeiten	96,0
- von der Preußenbank AG gehalten	60,0
=	216,0

Ergänzungskapital:

1. Klasse	96,0
2. Klasse (216,0; max. aber 50% des Kernkapital)	198,0
=	294,0

haftendes Eigenkapital = modifiziertes, verfügbares Eigenkapital: 396,0 + 294,0 = 690,0

Berechnung der risikogewichteten KSA-Positionswerte:

	risikogewichtete KSA-Positionswerte der Mutter	3.624,0
+	risikogewichtete KSA-Positionswerte der Tochter	1.176,0
+	Buchwert der Beteiligung	180,0
-	Buchwert der Beteiligung	180,0
+	aktivischer Unterschiedsbetrag	60,0
-	nachrangige Verbindlichkeiten der Tochter	60,0
=	risikogewichtete KSA-Positionswerte Gruppe	4.800,0

b)

➢ Die Preußenbank AG hat evtl. festgestellt, dass im Anlagevermögen der Kleinbank AG stille Reserven enthalten sind. Ferner übernimmt die Preußenbank AG
den bereits vorhandenen Kundenstamm und das Image der Kleinbank AG.
Auch die bereits aufgebauten Vertriebswege der Kleinbank AG können genutzt
werden.
Aus den genannten Gründen ist die Preußenbank AG bereit, einen höheren
Kaufpreis zu zahlen.

➢ Die Preußenbank AG als übergeordnetes Unternehmen hat den Unterschieds-
betrag (Firmenwert) zu gleichen Teilen vom Kern- und Ergänzungskapital der
Institutsgruppe abzuziehen. Dieses erfolgt über einen Zeitraum von zehn Jahren. Somit erfolgt eine jährliche Absetzung von insgesamt 10% des Unter-
schiedsbetrages.

c)
Ausgangslage:
Wenn sich ein Institut an einem anderen beteiligt, könnte ohne Zuführung neuen
Eigenkapitals von außen das vorhandene Eigenkapital mehrfach ausgenutzt werden
und somit die engen Vorschriften der SolvV umgangen werden.

Ein Institut, das die Vorschriften der SolvV weit (fast) ausgeschöpft hat, gründet,
statt weitere Kredite zu vergeben, eine Tochter. Die Beteiligung der Mutter stellt
wie ein Kredit Bilanzaktiva dar. Die Tochter hat diese Mittel als Kernkapital zur
Verfügung. Diese kann dann auf dem Geld- und Kapitalmarkt Ergänzungskapital in
gleicher Höhe aufnehmen. Die Tochter kann somit bis zum 25-Fachen des Kernkapitals neue Kredite vergeben (ggf. noch eine weitere Tochter gründen). Durch dieses Vorgehen entstehen die sogenannten Kreditpyramiden.

2 Betriebswirtschaft

2.1 Personalbeschaffung

a)

Die Personalbeschaffung unterscheidet zwischen der internen und externen Personalbeschaffung.

Die interne Personalbeschaffung kann ohne oder mit Personalbewegung erfolgen.

Interne Personalbeschaffung ohne Personalbewegung:
- ➢ Überstunden
- ➢ Mehrarbeit

Interne Personalbeschaffung mit Personalbewegung:
- ➢ Personalbeschaffung durch Überstunden
- ➢ Personalbeschaffung durch Arbeitszeitverlängerung
- ➢ interne Stellenausschreibung
- ➢ Stellenclearing

Die externe Personalbeschaffung unterteilt sich in:

passive Personalbeschaffung:
- ➢ Vermittlung durch die Bundesagentur für Arbeit
- ➢ Personalleasing

aktive Personalbeschaffung:
- ➢ Stellenanzeigen
- ➢ Werbung an Hochschulen
- ➢ Öffentlichkeitsarbeit

b)
Vorteile der internen Personalbeschaffung:

- ➢ Man kennt den Mitarbeiter schon (die Person, die Qualifikation).
- ➢ Der Mitarbeiter kennt bereits die Organisation/die Techniken.
- ➢ Diese Art der Personalbeschaffung ist kostengünstiger.
- ➢ Motivierende Wirkung für den Mitarbeiter (vertikale Versetzung).

Nachteile der internen Personalbeschaffung:

➢ Kein neues Know-How von außen.
➢ Es kann keine Probezeit vereinbart werden.
➢ Bei einer begrenzter Anzahl von Mitarbeitern kann es zu Engpässen kommen.
➢ Es könnte „böses Blut" unter den Kollegen geben.
➢ Geringe Auswahl bei den Bewerbern.

Vorteile der externen Personalbeschaffung:

➢ Neues Know-How kommt in das Unternehmen (breite Auswahlmöglichkeiten).
➢ Es kann eine Probezeit vereinbart werden.
➢ Es kommt in der Regel nicht zu „bösem Blut" unter den Kollegen.
➢ Es kann i.d.R. zu keinen Engpässen kommen.
➢ Größere Auswahl bei den Bewerbern.

Nachteile der gesamten Externen Personalbeschaffung:

➢ Man kennt die potentiellen Mitarbeiter nicht.
➢ Der potentielle Mitarbeiter kennt die Organisation/die Techniken nicht.
➢ Die Art der Personalbeschaffung ist kostenintensiver und zeitaufwendiger.
➢ Gegebenenfalls wird die Fluktuation der bestehenden Mitarbeiter gefördert („Hier kann man nichts werden!").

2.2   Teamentwicklung

a)
Der Teamentwicklungsprozess teilt sich in vier Phasen auf:

1.   Phase: Forming (Formierungsphase, Orientierung)

➢ Die Gruppe muss sich erst einmal finden.
➢ Die Gruppe sichtet zum ersten Mal ihre Aufgabe.
➢ Die Gruppenmitglieder „tasten" sich vorsichtig untereinander ab.
➢ Da die Abhängigkeit von der Führungsperson groß ist, hat diese das Team zu führen.

2.   Phase: Storming (Konfliktphase/Konfrontation)

➢ Es ist die Phase der Turbulenzen.
➢ Es entstehen unterschwellige Konflikte.
➢ Jeder versucht seine Vorstellungen durchzusetzen.
➢ Es gibt Streit um Ziele und Aufgaben.
➢ Die Führungsperson muss die Ziele mitteilen.

> ➢ Es entsteht ein Kampf um die Führung.
> ➢ Einzelne Cliquen können entstehen.

3. Phase: Norming (Regelphase-Konsens, Kooperation und Kompromiss)

> ➢ Es kommt zur Einigung auf Gruppenstandards und Umgangsformen.
> ➢ Es kommt zur Einigung auf gemeinsame Normen und Spielregeln.
> ➢ Das „Wir-Gefühl" und Zusammenhalt bilden sich heraus.
> ➢ Es erfolgt ein offener Austausch von Meinungen und Gefühlen.
> ➢ Die Führungsperson muss Aufgaben und Personen koordinieren.

4. Phase: Performing (Arbeitsphase-Integration)

> ➢ Problemlösungen tauchen auf.
> ➢ Die Energie der Gruppe richtet sich auf die Aufgabe.
> ➢ Es wird eine gemeinsame Lösung erbracht.
> ➢ Die einzelnen Mitglieder gehen offen und solidarisch miteinander um.
> ➢ Das Handeln des Teams ist ein zielgerichtetes Handeln.
> ➢ Die Teamsteuerung erfolgt überwiegend durch das Team selber.

b)

Bei informellen Gruppen nehmen die Mitarbeiter Entscheidungsbefugnisse wahr, die ihnen laut Organisationsplan nicht gegeben wurden. Die Beziehungen weichen somit vom Plan ab.

Vorgesetzte haben so gesehen nicht mehr die fachliche und persönliche Autorität.

Informelle Gruppen entstehen reaktiv oder auch spontan.

Informelle Gruppen verfügen weder über formale Strukturen noch über definierte Ziele.

2.3   Finanzierung – Finanzierung aus Vermögensum-schichtung

a)

Bei der Vermögensumschichtung erfolgt eine Kapitalfreisetzung im Anlage- bzw. Umlaufvermögen.

Anlagegüter, die nicht mehr benötigt werden, werden veräußert oder der Bestand an Vorräten (Lagerhaltung) wird abgebaut.

Die freigesetzte Liquidität kann wieder investiert werden. Durch diese Finanzierungsmöglichkeit erfolgt ein Aktivtausch, d.h. die Passivseite der Bilanz wird nicht beeinflusst.

Die Finanzierung aus Vermögensumschichtung ist vom Umsatzprozess (Cash-Flow) unabhängig.

b)

Formen:

1. Liquidation (= Desinvestitionen) mit Auflösung stiller Reserven
2. Sale-and-Lease-Back
3. Rationalisierungsmaßnahmen

1. Liquidation (= Desinvestitionen) mit Auflösung stiller Reserven

Bei einem Verkauf von nicht betriebsnotwendiger Aktiva erfolgt keine Gefährdung hinsichtlich der Betriebsbereitschaft und der Kapazitätserhaltung des Unternehmens.

Wird betriebsnotwendige Aktiva veräußert, so erfolgt eine Anpassung der Kapazität an die veränderte Nachfrage. Andererseits können im Umlaufvermögen Übervorräte abgebaut werden.

2. Sale-and-Lease-Back-Verfahren

Der Leasinggeber kauft ein Vermögensgegenstand vom potentiellen Leasingnehmer. Der Leasinggeber vermietet es dann an den Verkäufer zurück.

Folgen:

➢ Stille Reserven und Liquidität werden frei.
➢ Realisierte stille Reserven erscheinen als Ertrag in der Gewinn- und Verlustrechnung.
➢ Mit der Liquidität können Belastungen abgelöst werden, um die sofortige Versteuerung vermeiden zu können.
➢ Unter bestimmten Voraussetzungen können steuerfreie Rücklagen gebildet werden.
➢ Durch den Verkauf und Ablösung von Verbindlichkeiten wird die Bilanzsumme gekürzt. Viele Bilanzkennzahlen des Leasingnehmers verbessern sich.

3. Rationalisierungsmaßnahmen

Ziele:

Ziel Nr. 1:   *Senkung der Produktionskosten*

Mittel:

➢ effizientere Maschinen
➢ Lagerbestandsverringerung
➢ just in time

Ziel Nr. 2:   *Verbesserung des Verhältnisses von Umsatzvolumen und Kapitaleinsatz (= Kapitalumschlagsgeschwindigkeit)*

Mittel:

➢ Vergrößerung des Umsatzvolumens bei gleichbleibendem Kapitaleinsatz oder
➢ Reduzierung des Kapitaleinsatzes bei gleichbleibendem Umsatzvolumen

2.4   Deckungsbeitragsrechnung

Ausführung	Verkaufspreis	variable Stück-kosten	Deckungsbetrag (DB)	DB je Minute
Luxus	960,00 EUR	408,00 EUR	552,00 EUR	46,00 EUR
Komfort	900,00 EUR	420,00 EUR	480,00 EUR	33,33 EUR
Bequem	864,00 EUR	360,00 EUR	504,00 EUR	52,50 EUR

Die Ausführung Komfort weist den geringsten relativen Deckungsbeitrag auf.

Gesamtkapazität in Minuten: 23.400

Ausführung Bequem: 6.912   Minuten für die max. Produktionsmenge
Ausführung Luxus: 15.552   Minuten für die max. Produktionsmenge

Restzeit für Komfort: 936   Minuten
Somit können in der Restzeit 65 Stück hergestellt werden.

Betriebsergebnis:

DB Bequem:	362.880,00 EUR
DB Luxus:	715.392,00 EUR
DB Komfort:	31.200,00 EUR
gesamter DB:	1.109.472,00 EUR
abzgl. Fixkosten:	780.000,00 EUR
Erfolg:	329.472,00 EUR

2.5   Bewertungsspielräume

a)
Grundlage ist § 255 Abs. 2 HGB:

	Handelsrechtlich		Steuerrechtlich		IFRS
	Niedrigster Wert	Höchster Wert	Niedrigster Wert	Höchster Wert	
Materialeinzel-kosten	180.000,00	180.000,00	180.000,00	180.000,00	180.000,00
Materialgemein-kosten	0,00	36.000,00	36.000,00	36.000,00	36.000,00
Fertigungseinzel-kosten	75.000,00	75.000,00	75.000,00	75.000,00	75.000,00
Fertigungsgemein-kosten	0,00	33.750,00	33.750,00	33.750,00	33.750,00
Sonderkosten Fertigung	9.000,00	9.000,00	9.000,00	9.000,00	9.000,00
Zwischensumme	264.000,00	333.750,00	333.750,00	333.750,00	333.750,00
Verwaltung	0,00	35.043,75	0,00	35.043,75	0,00
Summe	**264.000,00**	**368.793,75**	**333.750,00**	**368.793,75**	**333.750,00**

b)
IAS/IFRS haben folgende Ziele:

➢   Schaffung von Investorensicherheit

➢   Schaffung von Transparenz, d.h. es muss eine internationale Vergleichbarkeit gegeben sein. Grundlage sind vollständige Informationen.

➢   IAS/IFRS sollen eine Entscheidungsgrundlage darstellen.
   ➢   Zuverlässigkeit
   ➢   Verständlichkeit
   ➢   Wesentlichkeit

➢   Im Mittelpunkt stehen somit:
   ➢   die Darstellung der tatsächlichen finanziellen Situation,
   ➢   die tatsächliche Veränderungen der finanziellen Situation und
   ➢   die tatsächlich erbrachten Leistungen des Unternehmens.

> Oberstes Ziel der IAS/IFRS sind die Informationsfunktionen:
> Bereitstellung relevanter, verlässlicher, vergleichbarer und stetiger Informationen für die Anleger (Investoren).

Es soll eine Abkehr vom Vorsichtsprinzip erfolgen.
Der Anlegerschutz dominiert vor dem Gläubigerschutz.

2.6 Investitionsrechnung – Dynamische Investitionsrechnung

a)

$$\text{Kapitalwert} = \frac{EZÜ_1}{(1+e)^1} + \frac{EZÜ_2}{(1+e)^2} + \frac{EZÜ_3}{(1+e)^3} \ldots - A_0$$

Ermittlung der Einzahlungsüberschüsse :

Jahr	Überschüsse	
1	9.000,00 EUR	
2	34.000,00 EUR	
3	38.000,00 EUR	
4	35.000,00 EUR	
5	49.000,00 EUR	inkl. Liquidationserlös

$$\text{Kapitalwert} = \frac{9.000,00}{1,08^1} + \frac{34.000,00}{1,08^2} + \frac{38.000,00}{1,08^3} + \frac{35.000,00}{1,08^4} + \frac{49.000,00}{1,08^5}$$

$$\text{Kapitalwert} = 1.723,10 \text{ EUR}$$

b)

> **Differenz der Barwerte:**

>> Kapitalwert positiv = Investition lohnt sich
>> Kapitalwert Null = Alternative ist genau so gut
>> Kapitalwert negativ = Investition lohnt sich nicht

> **Vermögenszuwachs:**

>> *Kapitalwert positiv:*
>> Vermögenszuwachs Investition > Vermögenszuwachs Alternative
>> Die angestrebte Verzinsung wird erreicht und darüber hinaus wird noch

ein Überschuss erwirtschaftet.

Kapitalwert Null:
➢ Vermögenszuwachs der Investition = Vermögenszuwachs der Alternative

Kapitalwert negativ:
➢ Die Alternative erbringt einen höheren Vermögenszuwachs.
➢ Die Anschaffungsauszahlung wird nicht vollständig zurückgewonnen.

➢ **Grenz- oder Marktpreis der Investition:**
   Kapitalwert + Anschaffungsauszahlung = Grenz- oder Marktpreis der Investition
   Ein Verkäufer könnte in t_0 max. den Marktpreis fordern und ein Käufer würde max. den Marktpreis zahlen wollen.

➢ **Kalkulationszinsfuß (KZF):**
   ➢ Je höher der KZF ist, desto geringer ist der Kapitalwert.
   ➢ Je niedriger der KZF ist, desto höher ist der Kapitalwert.

➢ **Einzahlungsüberschüsse:**
   ➢ Je höher die Einzahlungsüberschüsse, desto höher ist der Kapitalwert.
   ➢ Je niedriger die Einzahlungsüberschüsse, desto niedriger ist der Kapitalwert.

➢ **Zeitpunkt der Einzahlungsüberschüsse:**
   ➢ Je früher die Einzahlungsüberschüsse, desto höher ist der Kapitalwert.
   ➢ Je später die Einzahlungsüberschüsse, desto niedriger ist der Kapitalwert.

3 Volkswirtschaft

3.1 Lohnpolitik

a)

Nach dem Konzept der produktivitätsorientierten Lohnpolitik dürfen die Lohnerhöhungen maximal so hoch sein wie der Produktivitätsfortschritt (Arbeitsproduktivität).

Lohnstückkosten: $\dfrac{\text{Lohnkosten je Arbeitnehmer}}{\text{Output je Arbeitnehmer}}$

gesamtwirtschaftlich betrachtet: $kl = \dfrac{l * A}{Y_r}$

kl = Lohnstückkosten
l = Lohnsatz
A = Arbeitsvolumen
Y_r = Leistung der Volkswirtschaft

Arbeitsproduktivität (Pa) = $\dfrac{\text{Output } (Y_r)}{\text{Input } (A)}$

$k_l = \dfrac{l}{P_a}$

Steigt die Produktivität bei gleichen Löhnen, so sinken die Lohnstückkosten.
Steigen jedoch die Löhne schneller als die Produktivität, so steigen die Lohnstückkosten.
Wenn andere Kosten nicht gesenkt werden können, ergeben sich insgesamt steigende Stückkosten. Sollte der Versuch unternommen werden, diese höheren Kosten den Konsumenten überzuwälzen, kann die Inflation ansteigen.

Ziele der produktivitätsorientierten Lohnpolitik sind:

➢ Verteilungsgerechtigkeit und
➢ Stabilisierung der Nachfrage.

Positive Argumente der produktivitätsorientierten Lohnpolitik sind:

➤ Es liegen keine Gründe für eine Lohnkosteninflation vor.
➤ Es liegen auch keine Gründe für eine lohnkostenbedingte Arbeitslosigkeit vor.
➤ Die Lohnstückkosten bleiben konstant.

Negative Argumente sind:

➤ Gewerkschaften müssten diese Einkommensverteilung akzeptieren.
➤ Produktivitätssteigerungen sind in vielen Branchen nur schwer messbar.
➤ Produktivitätssteigerungen sind in vielen Wirtschaftsbereichen nur schwer oder gar nicht möglich.
➤ Einkommenserhöhungen wären immer von der künftigen Produktivitätsentwicklung abhängig.
➤ Es wird i.d.R. nur verhindert, dass die Arbeitslosigkeit nicht weiter ansteigt.

Die Entstehung des Produktivitätsfortschritts wird nicht betrachtet. Es wird nicht analysiert, ob der Produktionsfaktor Arbeit oder der Produktionsfaktor Kapital den Produktivitätsfortschritt hervorgerufen hat.

b)
Wie aus Aufgabenteil a) ersichtlich wird, trägt die produktivitätsorientierte Lohnpolitik i.d.R. nur dazu bei, dass die Arbeitslosigkeit nicht weiter ansteigt.
Es kann davon ausgegangen werden, dass die Unterbeschäftigung aus einem zu hohen Lohnniveau resultiert, so kann die produktivitätsorientierte Lohnpolitik nicht zum Abbau der Unterbeschäftigung beitragen. Liegt außerdem noch eine strukturelle Arbeitslosigkeit vor, wird diese auch nicht durch das Konzept der produktivitätsorientierten Lohnpolitik abgebaut.

Nur wenn es sich um eine konjunkturelle Arbeitslosigkeit handelt (temporärer Rückgang der gesamtwirtschaftlichen Nachfrage) kann die produktivitätsorientierte Lohnpolitik dazu beitragen, dass die Unterbeschäftigung abgebaut werden kann.

3.2   Geldpolitik

a)
Technisches Argument:
➤ Die Geldpolitik setzt einen hohen Sachverstand voraus.
➤ Die Geldpolitik erfordert schnelles Reagieren und Handeln.

Ökonomisches Argument:
➤ Ziel ist die Verhinderung des Missbrauchs der Zentralbank.
➤ Es soll keine „Politik des leichten Geldes" betrieben werden.

Politisches Argument:

➢ Politiker orientieren sich üblicherweise nur an tagespolitischen Ereignissen.

b)
Institutionelle Unabhängigkeit:

➢ Die EZB ist unabhängig von Weisungen Dritter (z.B. der Regierung).

Personelle Unabhängigkeit:

➢ Kein Dritter kann über die Zusammensetzung bestimmen.

Finanzielle Unabhängigkeit:

➢ Die EZB hat eine eigene Mittelausstattung.

Funktionelle Unabhängigkeit:

➢ Die EZB verfolgt ein klares Zielsystem.
   - ♦ Hauptziel: Preisniveaustabilität
   - ♦ Andere Aufgaben dürfen nur wahrgenommen werden, sofern diese mit der Preisniveaustabilität vereinbar sind.

c)
Ständige Fazilitäten bieten den Geschäftsbanken die Möglichkeiten „über Nacht" Liquidität bei den Zentralbanken für einen Tag zu erhalten oder anzulegen.

Spitzenrefinanzierungsfazilitäten:

➢ Sie bieten den Geschäftsbanken die Möglichkeit „über Nacht" Liquidität bei den Zentralbanken für einen Tag zu einem vorgegebenen Zinssatz gegen refinanzierungsfähige Sicherheiten zu erhalten.

➢ Der Zinssatz bildet im Allgemeinen die Obergrenze des Tagesgeldsatzes. Die Banken greifen i.d.R. kaum darauf zurück, weil dies die teuerste Form der Zentralbankkredite ist.

Einlagenfazilitäten:

➢ Sie bieten den Geschäftsbanken die Möglichkeiten „über Nacht" Liquidität bei den Zentralbanken für einen Tag anzulegen.

➢ Der Zinssatz bildet im Allgemeinen die Untergrenze des Tagesgeldsatzes.

Hauptrefinanzierungsgeschäfte (Haupttender) haben eine Liquiditäts- und Zinswirkung.

Ziele:
➢ Refinanzierung der Banken
➢ Steuerung und Stabilisierung der kurzfristigen Geldmarktsätze

Form:
➢ wöchentliche Standardtender mit einer Laufzeit von 1 Woche, d.h. der Kredit hat eine Laufzeit von 1 Woche
➢ seit 2000: amerikanischer Zinstender
➢ Mindestgebote beginnen bei 1,0 Mio. Euro

Längerfristige Refinanzierungsgeschäfte (Basistender) haben nur eine Liquiditätswirkung.

Ziele:
➢ Bereitstellung zusätzlicher und längerfristiger Liquidität
➢ Ergänzung zum Hauptrefinanzierungsinstrument

Form:
➢ monatliche Standardtender mit einer Laufzeit von 3 Monaten, d.h. der Kredit hat eine Laufzeit von 3 Monaten
➢ Mindestgebote beginnen bei 10.000,00 Euro

3.3   Monopol

a)

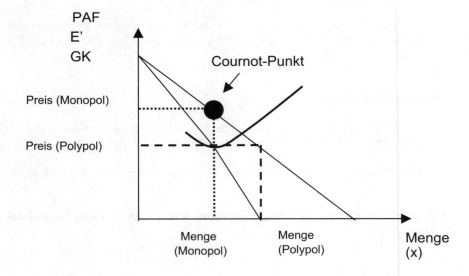

PAF   = Preis-Absatz-Funktion
E'   = Grenzerlöse
GK   = Grenzkosten

b)
Unterschiede zwischen Monopol und Polypol:

1. Der Marktpreis im Monopol ist höher als im Polypol.
2. Im Polypol werden die Nachfrager mit einer größeren Gütermenge versorgt.
3. Die Marktversorgung im Monopol ist mengenmäßig geringer bzw. schlechter.

c)
Ermittlung der gewinnbringensten Ausbringungsmenge:

Grenzerlöse = Grenzkosten

Erlöse = Preis * Menge
Erlöse = $(28 - x) * x$
Erlöse = $28x - x^2$

Die Grenzerlösfunktion ergibt sich durch die erste Ableitung der Erlösfunktion:

Grenzerlöse: $28 - 2x$

Oder:

Die Grenzerlösfunktion schneidet die Abszissenachse (x-Achse) in der Hälfte von der Preis-Absatz-Funktion. Die Preis-Absatz-Funktion schneidet die Abszissenachse bei 28. Daraus folgt, dass die Grenzerlösfunktion die Abszissenachse bei 14 schneiden muss. Das ist nur möglich, wenn die (negative) Steigung verdoppelt wird.

➢   Grenzerlöse: $28 - 2x$

$28 - 2x = 4 + x$
$x = 8$

$P = 28 - x$
$P = 28 - 8$
$P = 20$

Monopolmenge = 8
Monopolpreis = 20

3.4   Zahlungsbilanz

a)

Die Zahlungsbilanz setzt sich aus folgenden Unterbilanzen zusammen:

- ➢ Leistungsbilanz
- ➢ Vermögensbilanz
- ➢ Kapitalbilanz
- ➢ Devisenbilanz

Die Leistungsbilanz teilt sich wie folgt auf:

➢ **Außenhandelsbilanz/Handelsbilanz:**

Hier werden Exporte und Importe erfasst. Sofern die Exporte über den Importen liegen, spricht man von einer aktiven Handelsbilanz. Im umgekehrten Fall von einer passiven Handelsbilanz.

➢ **Dienstleistungsbilanz:**

In der Dienstleistungsbilanz werden folgende Positionen erfasst:

- ➢ Auslandsreiseverkehr
- ➢ Transporte
- ➢ Telekommunikationsleistungen
- ➢ Patente/Lizenzen

➢ **Bilanz der Erwerbs- und Vermögenseinkommen:**

In der Bilanz der Erwerbs- und Vermögenseinkommen werden Einkommen aus unselbstständiger Arbeit (Löhne + Gehälter) erfasst. Ferner werden Zinsen, Dividenden, Mieten und Pachten berücksichtigt.

➢ **Übertragungsbilanz:**

Die Übertragungsbilanz erfasst Leistungen, die keine unmittelbare Gegenleistung aufweisen.

- ➢ Zahlungen an internationale Organisationen
- ➢ staatliche Entwicklungshilfe

➢ **Vermögensbilanz:**

Die Vermögensbilanz erfasst einmalige Vermögensübertragungen. Hierzu zählen u.a. Schuldenerlasse, Erbschaften, Schenkungen und Vermögensmitnahmen von

Aus- bzw. Einwanderern.

> **Kapitalbilanz:**

In der Kapitalbilanz werden Kapitalexporte und Kapitalimporte verbucht.
Beispiele:

> Direktinvestitionen
> Wertpapiere
> Finanzderivate
> Kreditverkehr

> **Devisenbilanz:**

Die Devisenbilanz zeigt die Veränderungen der Währungsreserven.

b)
> Bilanz der Erwerbs- und Vermögenseinkommen und Devisenbilanz
> Leistungsbilanz (hier: Außenhandelsbilanz) und Kapitalbilanz
> Kapitalbilanz und Devisenbilanz

3.5   Inflation

a)
Nachfrageinflation:
Bei einer Nachfrageinflation erfolgen Preisniveausteigerungen in der Hochkon-
junktur. Die gesamtwirtschaftliche Nachfrage ist größer als die Produktionskapazi-
täten. Es handelt sich nicht nur um einen vorübergehenden Nachfrageanstieg. Ferner muss die Zentralbank die Wirtschaftssubjekte mit einer entsprechenden Geldmenge ausstatten, die zum Kauf der Güter notwendig ist.

Angebotsinflation:
Im Bereich der Angebotsinflation muss zwischen der Kostendruckinflation und der
Marktmachtinflation (Gewinndruckinflation) unterschieden werden.

Die Gründe für eine Kostendruckinflation liegen bei den Produktionskosten.
Steigen nämlich die Produktionskosten schneller als die Kosteneinsparungsmög-
lichkeiten durch Rationalisierung, so erhöhen sich die Stückkosten der Produktion.
Dies soll nun am Beispiel der Lohnkosten verdeutlicht werden:
Übersteigen die Lohnforderungen den Produktivitätsfortschritt, so steigen die Lohnstückkosten. Voraussetzungen hierfür sind, dass die Lohnforderungen mit Macht
(z.B. mit gewerkschaftlicher Organisationsmacht) durchgesetzt werden und die
Lohnforderungen müssen durch eine Ausweitung der Geldmenge „monetär ali-
mentiert" werden.

Zur Kostendruckinflation (hier: Lohnkosteninflation) kommt es nur dann, wenn die gestiegenen Lohnkosten auf die Produktpreise übergewälzt werden und die Produkte zu den höheren Preisen von den Konsumenten gekauft werden.

Erfolgen Preissteigerungen aufgrund erhöhter Gewinnerwartungen, so kann eine Marktmachtinflation entstehen.
Voraussetzungen sind, dass die Nachfrager auf die Produkte angewiesen sind. Die Anbieter haben ihren Preiserhöhungsspielraum bis dato nicht voll ausgenutzt. Zusätzlich muss eine geringe Wettbewerbsintensität vorliegen, so dass sich die Anbieter dem Monopolpreis annähern können.

b)
Inflationsgewinner:

➢ *Unternehmer:*
  Unternehmer beziehen Gewinneinkommen.

➢ *Sachwertbesitzer:*
  Hierzu zählen Grundstücksbesitzer und Unternehmer, da das Vermögen eines Unternehmens größtenteils aus Sachvermögen besteht.

➢ *Schuldner:*
  Die Schuld wird real geringer, da das Nominaleinkommen steigt.

Inflationsverlierer:

➢ *Arbeitnehmer und Bezieher von Transfereinkommen:*
  Die Löhne und die Transferzahlungen steigen langsamer als die Inflation. Somit sinkt das real verfügbare Einkommen (die reale Kaufkraft sinkt).

➢ *Gläubiger:*
  Ob und inwieweit Gläubiger (z.B. Sparer) zu den Inflationsverlierern gehören, hängt insbesondere von der Höhe der Verzinsung des Geldvermögens ab. Sofern die Inflationsrate größer als die Nominalverzinsung ist, ist die Realverzinsung negativ.

➢ *Staat:*
  Auch die öffentlichen Bediensteten verlangen ein höheres Einkommen. Zusätzlich ist zu berücksichtigen, dass die Preise für in Auftrag gegebenen Infrastrukturinvestitionen steigen.

Strategien:
Allgemein lässt sich sagen, dass man so handeln muss, dass man zu den Inflationsgewinnern zählt.

➤ *Strategie 1:*
Kreditaufnahme und Investition des Geldes in inflationssichere Anlagen/Sachgüter.

➤ *Strategie 2:*
Kreditaufnahme und Tausch des Geldes in wertbeständige Währungen.

➤ *Strategie 3:*
Indexierung, d.h. Kopplung der Löhne/Mieten an einen Preisindex.
Jedoch werden bei einer Indexierung die Ursachen der Inflation nicht bekämpft. Die negativen Folgen werden nur gemildert. Es besteht die Gefahr, dass die Widerstände gegen eine Inflation geringer werden.

3.6   Beschäftigungspolitik - Phillipskurve

a)
Ursprünglich erfolgte eine Untersuchung des Zusammenhangs von Lohnerhöhungen und der Arbeitslosenquote auf empirischer Basis für Großbritannien.

Die Aussagen sind:

➤ Lohnerhöhungen sind um so höher, je geringer die Arbeitslosenquote ist.
In einer Boomphase konkurrieren die Unternehmer um die wenigen Arbeitskräfte und sind bereit, höhere Löhne zu zahlen.

➤ Lohnerhöhungen sind um so niedriger, je höher die Arbeitslosenquote ist.
Der Grund liegt darin, dass in einer Rezession Lohnerhöhungen kaum zu erwarten sind.

b)
Bei der modifizierten Phillips-Kurve wird statt der Lohnsteigerungen die Inflationsrate abgebildet. Somit wird die Zielbeziehung zwischen Inflation und Arbeitslosigkeit dargestellt.

Die Aussagen sind:

➤ Je höher die Inflation, desto geringer die Arbeitslosenquote.
Eine geringe Arbeitslosenquote (hoher Beschäftigungsstand) kann nur mit einer hohen Inflationsrate erkauft werden.

➤ Je geringer die Inflation, desto höher ist die Arbeitslosenquote.
Eine geringe Inflation kann nur mit einer hohen Arbeitslosenquote erkauft werden.

Folgende Kritikpunkte lassen sich erheben:

➢ Der Zielkonflikt der Philipps-Kurve gilt nur bei konjunktureller Arbeitslosigkeit und konjunktureller Inflation.

➢ Der Zielkonflikt stellt nur einen kurzfristigen Zusammenhang dar.

➢ Arbeitslosigkeit ist langfristig nicht durch höhere Inflation bekämpfbar.

➢ Langfristig herrscht Zielharmonie.

Auf Dauer führt eine Inflation zu negativen Auswirkungen (z.B. negative Allokationseffekte). Daher muss langfristig Zielharmonie herrschen:

Ohne Preisniveaustabilität werden keine oder falsche Investitionen getätigt. Ohne Investitionen ist wiederum kein Wachstum möglich. Und ohne Wachstum kann keine Vollbeschäftigung (hoher Beschäftigungsstand) erzielt werden.

Der Trade-off besagt, dass sich die Arbeitslosenquote und die Inflationsrate gegenseitig in einem negativen Sinne beeinflussen, d.h. es muss eine Abwägung zwischen Inflation und Arbeitslosigkeit erfolgen.

4 Recht

4.1 Kreditsicherheit – Pfandrecht

a)

Herr Clausen hat der Südbank AG die Briefmarkensammlung nach § 1204 BGB in Verbindung mit § 1205 Abs. 1 Satz 1 BGB wirksam verpfändet, wenn die nachstehenden Voraussetzungen erfüllt sind.

➢ Einigung, dass dem Gläubiger das Pfandrecht zustehen soll.
➢ Übergabe der Sache, d.h. die Südbank AG müsste den unmittelbaren Besitz erwerben.
➢ Entstehung der zu sichernden Forderung

Alle drei Voraussetzungen sind erfüllt.
Herr Clausen war jedoch nicht der Eigentümer der Briefmarkensammlung und konnte daher nur als Nichtberechtigter handeln. Gemäß § 1207 BGB in Verbindung mit § 932 BGB ist ein gutgläubiger Erwerb möglich. Jedoch ist auch § 935 Abs. 1 BGB zu beachten. Der gutgläubige Erwerb des Pfandrechts ist an gestohlenen Sachen nicht möglich.

b)

Wird zwischen der Bank und Herrn Clausen vereinbart, dass die Briefmarkensammlung weiterhin im Tresor der Mutter bleiben soll, ist die Verpfändung unwirksam.
Die wirksame Verpfändung setzt nach §1205 Abs. 1 Satz 1 BGB die Übergabe voraus.

4.2 Kreditsicherheit - Grundschulden

Kurt könnte einen Anspruch auf Rückzahlung des Darlehens aus dem Darlehensvertrag gemäß § 488 Abs. 1 Satz 1 BGB von Herrn Witt haben.
Voraussetzung ist, dass der Anspruch entstanden ist.

Hierzu müssten zwei übereinstimmende und rechtswirksame Willenserklärungen vorliegen.
Zwischen Herrn Witt und Kurt gibt es keinen Darlehensvertrag. Somit ist der Anspruch nicht entstanden. Jedoch gibt es zwischen Herrn Witt und Herrn Stein einen

Darlehensvertrag.

Es könnte sein, dass Herr Stein seine Forderung an Kurt abgetreten hat (§ 398 BGB) Dies ist der Fall. Es liegt eine Einigung zwischen Herrn Stein und Kurt vor. Die Abtretung ist formlos gültig und sie muss nicht offen gelegt werden. Ausschlussgründe, die eine wirksame Abtretung verhindern könnten, sind nicht zu erkennen.

Fazit:

Kurt ist Inhaber der Darlehensforderung (§ 488 Abs. 1 Satz 1 BGB) geworden.

Es könnte aber sein, dass die Verbindlichkeit des Herrn Witt bereits erloschen ist. Er zahlt weiterhin an Herrn Stein. Voraussetzungen zum Erlöschen durch Leistung nach § 362 BGB sind:

> ➢ Zahlung durch den richtigen Schuldner,
> ➢ Zahlung an den richtigen Gläubiger,
> ➢ richtige Leistung,
> ➢ Zahlung am richtigen Ort und
> ➢ Zahlung zur richtigen Zeit.

Herr Witt hat aber immer Zahlungen an Herrn Stein geleistet, obwohl dieser durch die wirksame Abtretung nicht mehr Gläubiger ist.

Es könnte aber sein, dass sich Herr Witt auf § 407 Abs. 1 BGB berufen kann, denn die Abtretung wurde ihm nicht angezeigt. Somit muss Kurt die Zahlungen des Herrn Witt an Herrn Stein gegen sich gelten lassen.

Fazit:

Kurt hat keinen Anspruch auf Rückzahlung des Darlehens aus dem Darlehensvertrag gemäß § 488 Abs. 1 Satz 1 BGB von Herrn Witt, da der Anspruch nach § 362 BGB bereits erloschen ist.

Kurt könnte einen Anspruch auf Duldung der Zwangsvollstreckung gegenüber dem Vater aus § 1147 BGB haben.

Herr Stein hat die Forderung und somit auch die Hypothek (§ 401 Abs. 1 BGB) an Kurt abgetreten.

Nach § 1137 Abs. 1 BGB kann der Vater gegen den neuen Gläubiger (Kurt) diejenigen Einreden erheben, die auch dem persönlichen Schuldner (Herr Witt) gegen diesem zustehen.

Kurt kann sich aber auf § 1156 Satz 1 BGB berufen, der die Einrede des § 407 BGB ausschließt.

Fazit:

Kurt hat einen Anspruch auf Duldung der Zwangsvollstreckung gegenüber dem Vater aus § 1147 BGB.

4.3   Verzinsung

Die Hessen-Bank AG könnte einen Anspruch auf Zinszahlung von Herrn Berger aufgrund des Darlehensvertrages nach § 488 Abs. 1 und 2 BGB haben.
Voraussetzung ist, dass der Anspruch der Hessen-Bank AG entstanden ist.

Zum Abschluss eines Darlehensvertrages sind zwei übereinstimmende Willenserklärung erforderlich. Diese liegen zwischen der Hessen-Bank AG und Herrn Berger vor. Die Vorschriften des Verbraucherdarlehensvertrages (§ 491 BGB) finden hier keine Anwendung, denn Herr Berger handelt nicht als Verbraucher, sondern als Kaufmann (§ 1 HGB). Daher bedarf der Vertragsabschluss auch keiner Schriftform. Aufgrund dieser Tatsache hat die Bank einen Anspruch auf Zinszahlung gemäß § 354 Abs. 2 HGB in Verbindung mit dem Darlehensvertrag (§ 488 Abs. 1 und 2 BGB).
Da ein beiderseitiges Handelsgeschäft vorliegt, kann die Hessen-Bank AG den gesetzlichen Zinssatz nach § 352 Abs. 1 HGB in Höhe von 5% p.a. verlangen.

Abwandlung:
Herr Berger tritt in diesem Fall als Verbraucher auf. Somit gilt § 354 Abs. 2 HGB nicht als Grundlage. Zwischen der Hessen-Bank AG und Herrn Berger wurde ein Verbraucherdarlehensvertrag nach § 491 BGB abgeschlossen, denn es handelt sich hierbei um einen entgeltlichen Darlehensvertrag zwischen einem Unternehmer als Darlehensgeber (Hessen-Bank AG) und einem Verbraucher als Darlehensnehmer (Herr Berger). Der Verbraucherdarlehensvertrag ist gemäß § 492 Abs. 1 BGB schriftlich abzuschließen. Der Vertrag muss gewisse Mindestinhalte enthalten. Nach § 492 Abs. 1 Satz 5 Nr. 4 BGB ist der Zinssatz des Darlehens anzugeben.
Der § 494 BGB regelt die Rechtsfolgen von Formmängeln. Der Darlehensvertrag ist hiernach nichtig, wenn eine der in § 492 Abs. 1 Satz 5 Nr. 1 bis 6 BGB vorgeschriebenen Angaben fehlt. Jedoch wurde der Darlehensbetrag schon an Herrn Berger ausgezahlt. Daher wird ungeachtet eines Mangels nach § 494 Abs. 1 Satz 1 BGB der Verbraucherdarlehensvertrag gültig. Nach § 494 Abs. 2 Satz 2 BGB ermäßigt sich der Zinssatz auf den gesetzlichen Zins. Dieser beträgt nach § 246 BGB 4% p.a.

Die Hessen-Bank AG kann den gesetzlichen Zinssatz nach § 246 BGB in Höhe von 4% p.a. verlangen.

4.4   Familienrecht

a) Das genehmigungsfreie Geschäft nach § 1813 Abs. 1 Nr. 3 BGB gilt nur für
    Gelder, die nach § 1806 (2. Halbsatz) BGB angelegt wurden. Hierbei muss es
    sich um Verfügungsgelder zur Bestreitung von Ausgaben handeln. Eine solche
    Geldanlage liegt nicht vor, da der Sperrvermerk mehrmals gefordert wurde.
    Somit ist die Genehmigung des Gegenvormundes erforderlich.

b) Hierbei handelt es sich nach § 1813 Abs. 1 Nr. 4 BGB um ein genehmigungs-
    freies Geschäft. Die Zinsen stellen die Nutzungen des Mündelvermögens dar.

c) Nach § 1821 Nr. 1 BGB und § 1822 Nr. 8 BGB sind beide Rechtsgeschäfte ge-
    nehmigungspflichtig.

d) Die Genehmigung nach § 1812 BGB ist erforderlich. Die Ausnahmeregelung
    des § 1813 Abs. 1 Nr. 2 BGB ist nicht möglich, da der Anspruch mehr als
    3.000,00 EUR beträgt.

e) Nach § 1812 Abs. 1 BGB ist die Genehmigung erforderlich.

4.5   Grundstücksrecht

Herr Eckert könnte gemäß § 894 BGB die Berichtigung des Grundbuchs verlangen.
Voraussetzung ist, dass der Inhalt des Grundbuchs in Ansehung eines Rechts an
dem Grundstück nicht im Einklang mit der wirklichen Rechtslage steht.
Das ist hier gegeben, denn die Einigung nach § 925 Abs. 1 BGB ist nach § 105 Abs.
1 BGB nichtig, da sich Frau Buchwald nach § 104 Nr. 2 BGB in einer Störung der
Geistestätigkeit befindet. Somit ist sie nicht Eigentümerin geworden. Daher kann
Herr Eckert die Zustimmung zu der Berichtigung des Grundbuchs verlangen.

Zur Sicherheit kann sich Herr Eckert zusätzlich einen Widerspruch gegen die Rich-
tigkeit des Grundbuchs eintragen lassen (§ 899 BGB)

4.6   Zwangsvollstreckung

1. **nicht pfändbare Ansprüche:**

    ➢ bereits valutierte Kredite
    ➢ zweckgebundene Darlehen
        Eine Pfändung wäre eine vertragswidrige Verwendung.

2. Ansprüche aus Darlehen

- ➤ Mit Abschluss des Kreditvertrages erhält der Kreditnehmer einen Anspruch auf Auszahlung des Darlehens.
- ➤ Es ist eine Geldforderung.
- ➤ Der Auszahlungsanspruch kann gepfändet werden.
- ➤ Abhilfe bietet nur die Kündigung durch die Bank nach Nr. 19 III AGB der Banken.

3. Ansprüche aus Dispositionskrediten

- ➤ Der Kunde hat einen Anspruch auf Auszahlung der Kreditmittel.
- ➤ Dieser Anspruch ist auch pfändbar.
- ➤ Er entsteht aber erst bei Inanspruchnahme des Kredites und kann erst dann gepfändet werden.

4. Ansprüche aus Überziehungskrediten

- ➤ Überziehungskredite entstehen dadurch, dass der Kunde der Bank einen Antrag macht und die Bank den Antrag durch Ausführung der Überweisung annimmt.
- ➤ Auch dieser Anspruch ist pfändbar.
- ➤ Er entsteht aber erst bei Inanspruchnahme und Gewährung und kann erst dann gepfändet werden.

PRÜFUNGSSATZ V

1 Allgemeine Bankbetriebswirtschaft

Bearbeitungszeit 120 Minuten, 100 Punkte

1.1 IAS / IFRS

Die Westbank AG hat sich im Jahr 2007 dazu entschlossen, ihren Konzernjahresabschluss nicht mehr nach den HGB-Vorschriften, sondern nach IFRS/IAS aufzustellen.

a) Nennen Sie sechs Motive, warum die Westbank AG eine Umstellung vornehmen sollte.

b) Zeigen Sie auf, wie die Bewertung bei Forderungen und Wertpapieren nach HGB und IFRS/IAS behandelt wird.

1.2 Liquiditätsverordnung

Nach § 11 KWG müssen Institute ihre Mittel so anlegen, dass jederzeit eine ausreichende Zahlungsbereitschaft gewährleistet ist.
Die Konkretisierung des § 11 KWG erfolgt in der Liquiditätsverordnung.

a) Welche bankenkaufsichtlichen Maßnahmen erfolgen bei unzureichender Liquidität?

b) Erläutern Sie 4 Arten von Liquiditätsrisiken.

c) Berechnen Sie anhand der nachstehenden Werte, ob die Vorgaben der LiqV eingehalten wurden.

Position	Laufzeitband 1	Laufzeitband 2	Laufzeitband 3	Laufzeitband 4
Zahlungsmittel	90,0	45,0	33,0	15,0
Zahlungsverpflichtungen	60,0	55,0	21,0	25,0

1.3   Großkredite

Die Bayernbank AG ist ein Handelsbuchinstitut, das die Mindestgrenzen des § 2 Abs. 11 KWG überschreitet. Die Bayernbank AG stellt Ihnen folgende Werte (in Mio. EUR) zur Verfügung:

haftendes Eigenkapital	630,0
Eigenmittel	720,0

Die Bank steht mit der Luft AG in Geschäftsverbindung und hat folgende Geschäfte abgeschlossen:

Darlehen über :	68,0
Darlehen, das von dem Land Bayern vollständig verbürgt worden ist:	27,0
Leasingvertrag über die Gewerbeimmobilie, die in der Bilanz der Bank ausgewiesen wird:	13,0
Realkredit auf einem Wohnobjekt in Höhe von:	18,0
Im Anlagebuch der Bayernbank AG befinden sich Wertpapiere der Luft AG. Der Wert beläuft sich auf:	9,0
Zusätzlich werden im Handelsbestand weitere Anleihen gehalten:	100,0

a)   Weisen Sie rechnerisch nach, ob es sich um einen Anlagebuch-Großkredit bzw. Gesamtbuch-Großkredit nach § 13a KWG handelt.

b)   Zeigen Sie auf, ob die jeweiligen Einzelobergrenzen für das Anlage- bzw. Gesamtbuch eingehalten oder überschritten werden.

1.4   ROI- bzw. ROE – Schema

Der Auszug aus der Gewinn- und Verlustrechnung 2006 der Südbank AG weist folgende Daten auf.

Aufwendungen:	Werte in TEUR
Zinsaufwand	23.200,0
Provisionsaufwand	850,0
Personalkosten	11.000,0

Sachkosten	7.300,0
Abschreibungen auf Sachanlagen	2.500,0
Bewertungsergebnis	3.100,0
Abschreibungen auf Beteiligungen	500,00
sonstige Aufwendungen	330,0
sonstige Steuern	100,0
Erträge:	
Zinserträge aus dem Kreditgeschäft	47.300,0
Zinserträge aus festverzinslichen Wertpapieren	800,0
Provisionsertrag	10.100,0
Nettoertrag aus Finanzgeschäften	1.700,0
sonstige Erträge	1.330,0
Durchschnittliches Geschäftsvolumen	875.000,0

Die Eigenkapitalquote betrug 5,15% und der Steuersatz wurde mit 35% ermittelt.

Ermitteln Sie anhand der gegebenen Daten folgende Kennziffern:

1. Bruttozinsspanne
2. Provisionsspanne
3. Bruttobedarfsspanne
4. Bruttoertragsspanne
5. Teilbetriebsergebnisspanne
6. Nettozinsspanne
7. Reingewinnspanne vor Steuern
8. Eigenkapitalrentabilität vor Steuern
9. Eigenkapitalrentabilität nach Steuern
10. Kostenhebel beim Bruttoertrag
11. Sicherheitskoeffizient beim Bruttoertrag

1.5   Zinsswaps

Die B-Bank hat am Kapitalmarkt eine Festzinsanleihe zu 4,5% p.a. aufgenommen. Sie möchte aktuell die Zinsverpflichtungen gegen variabel verzinste Mittel tauschen. Die B-Bank könnte die variabel verzinsten Mittel am Kapitalmarkt zu EURIBOR aufnehmen.

Das emissionsfähige Unternehmen P. möchte seine variable Zinsverpflichtung EU-RIBOR + 0,3% gegen eine Festzinsverpflichtung tauschen. Das Unternehmen P. könnte eine Festzinsanleihe zu 6,2% p.a. aufnehmen.

Ermitteln Sie die Zahlungsströme sowie die Refinanzierungskosten bei Abschluss eines Zinsswaps. Der Zinsvorteil soll 1 : 3 zugunsten der Bank aufgeteilt werden.

Erläutern Sie im zweiten Teil der Aufgabe, warum Swapgeschäfte gem. der SolvV mit Eigenkapital unterlegt werden müssen.

1.6   Bewertung von Wertpapieren

Die Westbank eG hat zum Bilanzstichtag 31.12.2006 die nachstehenden Wertpapiere im Bestand.

	Name	Nennwert in Mio. EUR / Stück	Anschaffungskurs	Ansatz in der Bilanz 2005	Kurs am 31.12.2006
Liquiditäts-reserve	P-Anleihe	50,0 Mio. EUR	97,0%	97,0%	95,0%
Handelsbe-stand	O-Aktien	60.000 Stück	34,00	32,00	42,00
Anlagever-mögen	S-Anleihe	20,0 Mio. EUR	99,0%	99,0%	97,0%

a) Bestimmen Sie die Kurse, zu denen die Wertpapiere am 31.12.006 nach HGB-Vorschriften zu bewerten sind.
    Gehen Sie davon aus, dass die Westbank eG die Wertpapiere nicht verkaufen möchte. Ferner wird alles Mögliche versucht, einen möglichst hohen Jahresüberschuss auszuweisen.

b) Ein Grund, warum einheitliche und internationale Bilanzierungs- und Bewertungsregeln (IFRS/IAS) geschaffen werden, ist der verstärkte Einsatz von Derivaten. Sie haben stark an Bedeutung gewonnen und machen oftmals ein Mehrfaches der Bilanzsumme aus. Die HGB-Vorschriften werden diesen Ansprüchen nicht mehr gerecht.
    Erläutern Sie, wie Derivate nach IFRS/IAS bewertet und bilanziert werden.

2 Betriebswirtschaft

Bearbeitungszeit 120 Minuten, 100 Punkte

2.1 Arbeitsrecht – Tarifrecht

Das Kollektivarbeitsrecht regelt die Rechtsbeziehungen der arbeitsrechtlichen Kollektive. Oberhalb der Unternehmensebene stehen sich Gewerkschaften und Arbeitgeberverbände gegenüber.

a) Erklären Sie die vier Funktionen eines Tarifvertrages.

b) Nennen Sie vier Möglichkeiten, die zu einer Beendigung eines Tarifvertrages führen.

2.2 Arbeitsrecht – Kündigung

Die Änderungskündigung stellt im Bereich der Kündigungen eine Sonderform dar. Sie kann aus verhaltens-, personen- oder betriebsbedingten Gründen gerechtfertigt sein.

a) Erläutern Sie das Wesen der Änderungskündigung und grenzen Sie diese gegenüber einer normalen Kündigung ab.

b) Der Arbeitnehmer hat drei Möglichkeiten, um auf eine Änderungskündigung zu reagieren. Beschreiben Sie diese Möglichkeiten.

2.3 Gewinn- und Verlustrechnung

Die Gliederung der Gewinn- und Verlustrechnung wird durch das HGB geregelt. Sie ist in Staffelform nach dem Gesamtkostenverfahren oder nach dem Umsatzkostenverfahren aufzustellen.

a) Erläutern Sie fünf Unterschiede zwischen den beiden genannten Verfahren.

b) Zeigen Sie insgesamt fünf Vor- und Nachteile der Verfahren auf.

c) Berechnen Sie das Betriebsergebnis für zwei Monate:

> nach dem Gesamtkostenverfahren
> nach dem Umsatzkostenverfahren

Erträge	580.000,00 EUR
produzierte Stückzahl	15.000
verkaufte Stückzahl	13.200
Materialkosten	92.000,00 EUR
Fertigungseinzelkosten	168.000,00 EUR
Fertigungsgemeinkosten	235.000,00 EUR
Kosten für Verwaltung und Vertrieb (Personal)	115.500,00 EUR

2.4 Konsolidierung

Das Unternehmen "Groß GmbH" erwirbt eine 70% Beteiligung an dem Unternehmen „Klein GmbH".
In den Vermögenswerten des Unternehmens "Klein GmbH" sind stille Reserven in Höhe von 60.000,00 EUR enthalten. Die Reserven sind der Bilanzposition Grundstücke zuzuordnen
Der Kaufpreis für die Beteiligung liegt bei 160.000,00 EUR.

Nachstehend sehen Sie die Bilanzen der beiden Unternehmen vor der Konsolidierung.

Bilanz des Unternehmens „Groß GmbH" in TEUR			
Aktivseite			Passivseite
Grundstücke	50,0	Eigenkapital	205,0
Gebäude	55,0	Fremdkapital	160,0
technische Anlagen	100,0		
Beteiligungen	160,0		
Bilanzsumme	365,0	Bilanzsumme	365,0

Bilanz des Unternehmens „Klein GmbH" in TEUR (ohne stille Reserven)			
Aktivseite			Passivseite
Grundstücke	90,0	Eigenkapital	135,0
Gebäude	20,0	Fremdkapital	70,0
technische Anlagen	40,0		
Beteiligungen	55,0		
Bilanzsumme	205,0	Bilanzsumme	205,0

Erstellen Sie die Konzernbilanz nach der Neubewertungsmethode.

2.5 Kostenrechnung – Maschinenstundensatzrechnung

Die Ahrens AG hat von ihrem Kunden, der Wiebe GmbH, einen Auftrag erhalten. Die Produktion soll mit zwei Maschinen (A und B) durchgeführt werden.
Da die Maschine B erst im Jahr 2007 angeschafft worden ist, liegt noch keine Maschinenstundensatzrechnung vor.
Der Maschinenstundensatz der Maschine A beträgt: 98,50 EUR

Für die Maschine B sind Ihnen folgende Daten bekannt:

Wiederbeschaffungswert (WBW):	120.000,00 EUR
kalkulatorischer Zinssatz:	7,5% p.a.
Instandhaltungskosten vom WBW:	3,5% p.a.
Nutzungsdauer:	12 Jahre
Kosten für das Werkzeug:	2,50 EUR je Stunde
Stromkosten:	2,75 EUR je Stunde
kalkulatorische Jahresmiete:	135,00 EUR je qm
Platzbedarf:	75,0 qm
Gemeinkostenmaterial:	0,85 EUR je Stunde
Sonstiges:	68,00 EUR je Stunde

Die Bruttolaufzeit der Maschine wurde ermittelt. Sie beträgt: 50 Wochen zu je 37 Stunden.

Die Maschine stand während folgender Zeiten still:

  8 Feiertage zu je   7,4 Stunden

28 Urlaubstage zu je   7,4 Stunden

95 Stunden im Jahr wegen Reparatur

15 Stunden im Jahr wegen sonstigen Störungen

a) Berechnen Sie den Maschinenstundensatz für die Maschine B.

b) Mit welcher Maschine sollte die Produktion des Kundenauftrages für die Wiebe GmbH erfolgen? Gehen Sie davon aus, dass die Kapazitäten von der Maschine A und B identisch sind.

c) Erläutern Sie die Vorteile einer Maschinenstundensatzrechnung.

2.6   Konzernabschluss

a) Beschreiben Sie die Funktionen eines Konzernabschlusses.

b) Beschreiben Sie das Stufenkonzept der Konsolidierungsmöglichkeiten.

c) Das Unternehmen „Groß AG" ist an dem Unternehmen „Klein AG" zu 100% beteiligt. Erstellen Sie eine konsolidierte Bilanz (Werte in Mio. EUR).

Bilanz „Groß AG"			
Aktivseite			Passivseite
Aktivvermögen	500,0	Grundkapital	650,0
Beteiligung an „Klein AG"	540,0	Rücklagen	150,0
		sonstige Passiva	240,0
Bilanzsumme	1.040,0	Bilanzsumme	1.040,0

Bilanz „Klein AG"			
Aktivseite			Passivseite
Aktivvermögen	570,0	Grundkapital	500,0
Beteiligung an S	330,0	Rücklagen	40,0
		sonstige Passiva	360,0
Bilanzsumme	900,0	Bilanzsumme	900,0

3 Volkswirtschaft

Bearbeitungszeit 120 Minuten, 100 Punkte

3.1 Geldpolitik

Die Abwicklung von Offenmarktgeschäften erfolgt in Form von Standardtendern.

a) Erläutern Sie Unterschiede und Gemeinsamkeiten von Mengen- und Zinstendern.

b) Was spricht aus Ihrer Sicht für die bereits erfolgte Umstellung vom Mengentender auf den amerikanischen Zinstender?

c) Berechnen Sie die Zuteilungen

- ➢ nach dem Mengentender und
- ➢ nach dem Zinstender (amerikanisches Verfahren).

Der Pensionssatz bei dem Mengentender beträgt 4,30%. Insgesamt steht ein Volumen von 360 Mrd. Euro zur Verfügung.

Die nachstehenden Gebote wurden abgegeben:

Bank	Gebote in Mrd. Euro	Bietungssatz beim Zinstender
A	100	4,34%
B	140	4,33%
C	60	4,32%
D	160	4,31%
E	140	4,30%

3.2   Magisches Vier-Eck

Der Zielkatalog des Stabilitäts- und Wachstumsgesetzes umfasst insgesamt vier
Ziele.

a)   Nennen Sie die vier Ziele des Stabilitäts- und Wachstumsgesetzes.

b)   Erläutern Sie, warum das Vier-Eck als „magisch" bezeichnet wird.

c)   Stellen Sie insgesamt drei mögliche Zielbeziehungen dar und erläutern Sie,
     warum eine Operationalisierung der Ziele erfolgen muss.

3.3   Volkswirtschaftliche Gesamtrechnung und gesamt- wirtschaftliches Gleichgewicht

Ihnen sind folgende Werte aus der Volkswirtschaftlichen Gesamtrechnung in Mil-
lionen Euro gegeben.

Bruttoanlageinvestitionen	690
Abschreibungen	230
Staatskonsum/Staatsverbrauch	460
Außenbeitrag zum BIP	-115
privater Konsum	2875
Saldo der Primäreinkommen	-46

a)   Berechnen Sie das Bruttoinlandsprodukt.

b)   Berechnen Sie das Bruttonationaleinkommen.

c)   Nehmen Sie zu der nachstehenden Aussage ausführlich Stellung.
     „Weil das Bruttoinlandsprodukt pro Kopf gestiegen ist, ist die Wohlfahrt des
     Staates gestiegen".

d)   In einer Volkswirtschaft ohne staatliche Aktivität lautet die Konsumfunktion
     $C = 80 + 0{,}8Y$. Die Investitionen belaufen sich auf 200.
     Berechnen Sie

     ➤   das Gleichgewichtseinkommen.
     ➤   das neue Gleichgewichtseinkommen, wenn sich die Investitionen um 50,0
          erhöhen.

3.4   Wechselkurse

Im freien Wechselkurssystem kommt es zu Wechselkursschwankungen.

a) Erläutern Sie die folgenden Bestimmungsgründe für Wechselkursschwankungen im System freier Wechselkurse.

> ➤ Güterwirtschaftlicher Ansatz
> ➤ Finanzmarktwirtschaftlicher bzw. Finanzmarkttheoretischer Ansatz

b) Vergleichen Sie das feste und das flexible Wechselkurssystem hinsichtlich ihrer Vor- und Nachteile.

3.5   Sozialversicherungen

Die Sozialversicherung begleitet den Menschen von der Geburt bis zum Tod. Es erfolgt eine solidarische Vorsorge gegen allgemeine Lebens- und Beschäftigungsrisiken.

a) Nennen Sie drei Zweige der Sozialversicherung und beschreiben Sie

> ➤ die Aufgaben der jeweiligen Sozialversicherung und
> ➤ das von der Sozialversicherung abgesicherte Risiko.

b) Im Rahmen der Sozialpolitik werden verschiedene Prinzipien zugrunde gelegt. Beschreiben Sie fünf Prinzipien der Sozialpolitik.

3.6   Multiplikator / Multiplikatoreffekt

Eine hohe Bedeutung für die nachfrageorientierte Wirtschaftspolitik hat der elementare Multiplikator. Mit ihm lässt sich ein großer Effekt durch einen geringen Anstoß erzielen.

a) Erläutern Sie, was unter dem elementaren Multiplikator zu verstehen ist.

b) Nehmen Sie an, dass Ihnen folgende Funktionen bzw. Werte vorliegen:

C_a = 150 (autonomer Konsum)

c = 0,6 (Grenzhang zum Konsum)

I = 250 (Investitionsgüternachfrage)

G = 300 (Nachfrage des Staates)

Bestimmen Sie:

➢ das Gleichgewichtseinkommen Y
➢ die Sparfunktion
➢ den Konsum und die Ersparnis im Gleichgewicht

4 Recht

Bearbeitungszeit 120 Minuten, 100 Punkte

4.1 Handelsrecht

D, E und F sind Gesellschafter der Fun-OHG. Aufgrund von Unstimmigkeiten zwischen den Gesellschaftern ist F aus der OHG ausgeschieden.

Die Streitigkeiten haben soweit geführt, dass die anderen Gesellschafter (D und E) vergessen hatten, das Ausscheiden dem Handelsregister mitzuteilen.

Nach dem Ausscheiden des F gewährte die Westbank AG der OHG ein Darlehen in Höhe von 150.000,00 EUR.

Zur Entlastung der geschäftlichen Situation hatten sich D und E entschlossen, den M als neuen Gesellschafter aufzunehmen (nach der Darlehensaufnahme). Auch dieser Sachverhalt wurde dem Handelsregister nicht mitgeteilt.

Erläutern Sie, ob die Westbank AG von F und M die Rückzahlung des Darlehens fordern kann.

4.2 Kreditsicherheit - Grundschuld

Kreditforderungen können u.a. durch Grundschulden bzw. Hypotheken gesichert werden.

Stellen Sie die Folgen dar, wenn Zahlungen wie folgt geleistet werden:

a) Zahlung durch den Eigentümer, der zugleich persönlicher Schuldner ist.

   ➢ Zahlung auf die Grundschuld
   ➢ Zahlung auf die Kreditforderung der Bank
   ➢ Zahlung auf die Hypothek

b) Zahlung durch den Eigentümer, der nicht der persönliche Schuldner ist.

   ➢ Zahlung auf die Grundschuld
   ➢ Zahlung auf die Kreditforderung der Bank
   ➢ Zahlung auf die Hypothek

4.3   Vertretung - Herausgabeanspruch

Der 15-jährige Peter benötigt für den Sportunterricht eine neue Sporttasche. Sein Vater hat aber nicht genügend Geld im Portemonnaie. Der Vater erlaubt seinem Sohn, dass er den notwendigen Geldbetrag bei der Südbank eG von seinem Konto (V's Konto) abheben soll. Der Vater informiert daraufhin telefonisch seinen Berater bei der Südbank eG und erklärt ihm, dass Peter gleich in der Bank erscheine und einen von ihm genannten (von Peter genannt) Geldbetrag von seinem Konto (V's Konto) abheben darf.
Der Vater erläutert seinem Sohn, dass er nur das Geld abheben darf, das er für den Kauf der Sporttasche benötigt.
Als Peter in dem Sportgeschäft ist, findet er neben der Sporttasche für 50,00 EUR auch noch passende Schuhe für 80,00 EUR.
Daraufhin geht er zur Südbank eG und bittet den Berater um Auszahlung von 130,00 EUR von dem Konto seines Vaters. Nach Erhalt des gewünschten Geldbetrages kauft Peter sich die Tasche und die Schuhe.
Abends zeigt Peter seinem Vater die Einkäufe. Der Vater ist mit dem Kauf der Schuhe nicht einverstanden und ruft am nächsten Tag bei der Südbank eG an und verlangt, dass ihm 80,00 EUR wieder gutgeschrieben werden. Er ist der Meinung, dass die Bank seinem Sohn soviel nicht hätte auszahlen dürfen.

Hat der Vater einen Anspruch gegenüber der Bank auf Gutschrift der 80,00 EUR?

4.4   Sachenrecht - mobil

Die Berliner Volksbank eG steht mit Herrn Bock in Kreditverhandlungen. Zur Absicherung des Kreditengagements wünscht sie die Sicherungsübereignung des neu angeschafften PKWs. Daraufhin lässt sich die Volksbank am 22.06.2007 von Herrn Bock den PKW übereignen und den Kfz-Brief aushändigen. Die Übergabe des Fahrzeuges wird durch die Vereinbarung eines Leihverhältnisses (Besitzmittlungsverhältnis) ersetzt.
Aufgrund der Verschlechterung der finanziellen Lage bei Herrn Bock kann dieser seine Kreditverpflichtung nicht mehr erfüllen. Bevor die Volksbank das Fahrzeug von Herrn Bock zwecks Sicherheitenverwertung erhält, erfährt sie, dass das Fahrzeug bereits am 20.05.2007 an die Sparkasse Berlin sicherungsübereignet worden ist.

Die Volksbank fordert nun von Herrn Bock die Herausgabe des Wagens. Zu Recht?

4.5   Erbrecht

Das Ehepaar Susanne und Herbert Klein hat bei ihrer Heirat keinen anderen Güterstand gewählt. Somit leben sie im Güterstand der Zugewinngemeinschaft. Ihre Kinder, Klaus und Kathy, sind volljährig und bereits verheiratet. Am 15.10.2007 stirbt Herbert Klein, ohne ein Testament errichtet zu haben.

a)   Zeigen Sie auf, wie sich die Erbfolge darstellt.

b)   Würde sich an der Darstellung etwas ändern, wenn die Eheleute im Güterstand der Gütertrennung gelebt hätten? Wenn ja, was ändert sich?

c)   Klaus möchte nach dem Tode seines Vaters von dessen Sparkonto bei der Ostbank AG 1.000,00 EUR abheben. Darf die Bank die Zahlung an ihn leisten?

4.6   Kreditsicherheit - Bürgschaft

Herr Berger erhält von der Handelsbank einen Kredit in Höhe von 120.000,00 EUR. Abgesichert wird der Kredit durch eine neu zu bestellende Grundschuld (80.000,00 EUR) an dem Grundstück von Frau Berger. Als zusätzliche Sicherheit übernimmt Herr Eggers eine Bürgschaft. Aus dieser befriedigt sich die Handelsbank als Herr Berger in Zahlungsschwierigkeiten gerät.

Stellen Sie dar, welche Rechte Herr Eggers gegenüber Herrn Berger bzw. Frau Berger hat.

LÖSUNGSHINWEISE
PRÜFUNGSSATZ V

Allgemeine Bankbetriebswirtschaft

1.1 IAS / IFRS

a)

➤ **Globalisierung der Märkte und somit Vergleichbarkeit der Jahresabschlüsse:**

Unternehmen lassen sich anhand ihrer Jahresabschlüsse vergleichen. Dies ist aber nur möglich, wenn sie nach den gleichen Grundlagen aufgestellt sind. Ziel ist die Schaffung einer internationalen Vergleichbarkeit.
Der Bilanzausweis des Kapitals, der Ergebnisse und die Refinanzierungsstruktur müssen international vergleichbar sein.

➤ **Shareholder Value:**

Die Geschäftspolitik wird immer mehr vom Shareholder Value bestimmt. Dieser fordert einen rentablen Einsatz des Eigenkapitals und eine offene Informationspolitik gegenüber den Gesellschaftern.

➤ **True and Fair View:**

Mit diesem Prinzip ist die Auflösung und Bildung von stillen Reserven nicht vereinbar. Verluste sollen nicht verschleiert werden und Gewinne sollen nicht durch die Reservebildung eliminiert werden.

➤ **Einfluss von Rating-Agenturen:**

Der Einfluss von Analysten und Ratingagenturen ist gestiegen.
Ziel ist die Erzielung eines guten Ratings und die Aufnahme von Kapital am Kapitalmarkt zu günstigen Konditionen.

➤ **Steigende Bedeutung von Derivaten:**

Derivate haben stark an Bedeutung gewonnen und machen oftmals ein Mehrfaches der Bilanzsumme aus.
Hier ist das HGB den Anforderungen nicht mehr gewachsen.

➤ **Anwendung gleicher Regeln**

b)

	HGB	IAS/IFRS
Forderungen an Kunden und Kreditinstitute	➤ Möglichkeit der Überkreuzkompensation von Aufwendungen und Erträgen von Forderungen mit denen der Wertpapiere der Liquiditätsreserve; so werden stille Reserven gelegt und der Gewinn gestaltet. ➤ Verdeckte Absetzung der Risikovorsorge vom Forderungsbestand. ➤ Grundsätzlich Zuschreibungsgebot nach § 280 Abs. 1 HGB.	➤ Offene Absetzung der Risikovorsorge vom originären Forderungsbestand. ➤ Keine Bildung stiller Reserven erlaubt. ➤ Detaillierte Aufstellung der Risikovorsorge (Entwicklung) in den Notes; sortiert nach Bonitäts-, Länder- und latenten Ausfallrisiken. ➤ Forderungen werden anhand ihrer Darstellung in der Bilanz wie folgt eingeteilt: ➤ **Forderungen an Kreditinstitute bzw. Kunden:** ❖ *Originäre Forderungen* Wertansatz zu den fortgeführten Anschaffungskosten. ➤ **Finanzanlagen:** ❖ *Angekaufte Forderungen (Held to Maturity)* Wertansatz zu den fortgeführten Anschaffungskosten. ❖ *Angekaufte Forderungen (Available for Sale)* Wertansatz nach dem Fair Value. ➤ **Handelsaktiva:** ❖ *Angekaufte Forderungen (Held for Trading)* Wertansatz nach dem Fair Value.

Wertpapiere	➤ Möglichkeit der Überkreuzkompensation von Aufwendungen und Erträgen von Forderungen mit denen der Wertpapiere der Liquiditätsreserve; so werden stille Reserven gelegt und der Gewinn gestaltet. ➤ Einteilung der Wertpapiere in Liquiditätsreserve, Handelsbestand und Finanzanlagevermögen. ➤ Es gilt das gemilderte bzw. das strenge Niederstwertprinzip. ➤ Grundsätzlich Zuschreibungsgebot nach § 280 Abs. 1 HGB.	➤ Der Wertpapierbestand wird anhand seiner Darstellung in der Bilanz wie folgt eingeteilt: ➤ **Handelsaktiva:** ❖ *Wertpapiere Held for Trading* Wertansatz nach dem Fair Value. ➤ **Finanzanlagen:** ❖ *Wertpapiere Held to Maturity* Wertansatz zu den fortgeführten Anschaffungskosten. ❖ *Wertpapiere Available for Sale* Wertansatz nach dem Fair Value. **Der Fair Value entspricht i.d.R. dem Marktwert.**
	Besonderheiten bei der Bewertung des Forderungsbestandes sowie des Wertpapierbestandes nach den Vorschriften der IAS/IFRS: Bei den Positionen Available for Sale sind Wertveränderungen grundsätzlich erfolgsneutral über die Fair Value-Rücklage zu verbuchen. Erst bei Auflösung dieser Positionen erfolgt eine Realisierung als Aufwand bzw. Ertrag. Dies geschieht z.B. durch Verkauf oder durch Eintreten einer dauerhaften Wertminderung (Impairment). Bis dahin wird lediglich das Eigenkapital positiv oder negativ beeinflusst. Unter bestimmten Umständen kann jedoch auch eine erfolgswirksame Erfassung der Wertveränderungen erfolgen (Fair Value-Option). Eine Abschreibung bei dauerhafter Wertminderung ist bei den Positionen Available for Sale und Held to Maturity sowie beim originären Forderungsbestand Pflicht. Ferner gilt für diese Positionen ein Zuschreibungsgebot. Bei den Positionen Available for Sale sind die Zuschreibungen grundsätzlich erfolgsneutral in der Fair Value-Rücklage zu erfassen. Lediglich bei Anleihen erfolgt bis zu den AK eine erfolgswirksame Erfassung der Zuschreibung. Darüber hinaus sind die Wertzuwächse ebenfalls erfolgsneutral zu erfassen. Bei Positionen Held for Trading sind alle Bewertungsmaßnahmen erfolgswirksam zu verbuchen. Ein Impairment ist hier also nicht möglich.	

1.2   Liquiditätsverordnung

a)
Entspricht bei einem Institut die Anlage seiner Mittel nicht den gesetzlichen Anforderungen, kann die Bundesanstalt Entnahmen durch die Inhaber oder Gesellschafter, die Ausschüttung von Gewinnen und die Gewährung von Krediten beschränken oder untersagen.
Diese Maßnahmen dürfen ergriffen werden, wenn das Institut den Mangel nicht innerhalb einer von der Bundesanstalt zu bestimmenden Frist behoben hat.

b)
Refinanzierungsrisiko:
Ursache ist eine positive Fristentransformation.
Das Refinanzierungsrisiko entsteht, wenn kurzfristig hereingenommene Gelder längerfristig angelegt werden.

> ➢ Gefahr, dass bei Fälligkeit kein Refinanzierungsgeschäft abgeschlossen werden kann oder
> ➢ Gefahr, dass das Refinanzierungsgeschäft nur zu höheren Zinsen abgeschlossen werden kann.

Terminrisiko:
Gefahr, dass erwartete Tilgungs- und Zinszahlungen nicht fristgerecht eingehen.

Abrufrisiko:
Gefahr, dass es zu einem unerwarteten Abruf der Mittel kommt.

> ➢ Gefahr, dass Kreditlinien/Kreditzusagen unerwartet in Anspruch genommen werden.
> ➢ Gefahr, dass Einlagen unerwartet vor Fälligkeit abgezogen werden.

Derivative Liquiditätsrisiko:
Gefahr, dass durchschlagende Markt- oder Adressenausfallrisiken sich nicht nur erfolgswirksam sondern auch liquiditätswirksam niederschlagen.

c)

Position	Laufzeitband 1	Laufzeitband 2	Laufzeitband 3	Laufzeitband 4
Zahlungsmittel	90,0	45,0	33,0	15,0
Zahlungsverpflichtungen	60,0	55,0	21,0	25,0
Fristeninkongruenz	30,0	- 10,0	12,0	- 10,0

positive Fristenin-kongruenz	30,0		12,0	
Zahlungsmittel inkl. positive Fristenin-kongruenz	90,0	75,0	33,0	27,0
Liquiditätskennzahl	1,5			
Beobachtungszahl		1,36	1,57	1,08

1.3 Großkredite

	Anlagebuch	Gesamtbuch
	hEK 630,0	Eigenmittel 720,0
Darlehen:	68,0	68,0
verbürgtes Darlehen:	27,0	27,0
Realkredit:	18,0	18,0
Leasing:	13,0	13,0
Anleihe Anlagebuch:	9,0	9,0
Anlage Handelsbuch:	-	100,0
	135,0	235,0
abzgl. gem. § 20 Abs. 2 KWG	- 27	- 27
=	108,0	208,0
	Das sind 17,14% des hEK.	Das sind 28,89% der Eigenmittel.
abzgl. Realkredite (0 %-Gewichtung)	- 18	- 18
= Anrechnungsbetrag auf die Großkrediteinzelobergrenze	90,0	190,0
	Das sind 14,29% des hEK.	Das sind 26,39% der Eigenmittel.

a)

Es handelt sich hierbei um einen Anlagebuch-Großkredit und um einen Gesamtbuchgroßkredit, da die jeweilige Grenze in Höhe von 10% des haftenden Eigenkapitals bzw. der Eigenmittel überschritten wurde.

b)

Die Einzelobergrenze für das Anlagebuch wurde eingehalten. Jedoch wurde die Einzelobergrenze des Gesamtbuches überschritten.

1.4   ROI- bzw. ROE – Schema

(Abweichungen bei der dritten Nachkommastelle sind auf Rundungsdifferenzen zurückzuführen)

$$\text{Kostenhebel beim Bruttoertrag} = \frac{\text{Bruttoertragsspanne}}{\text{Reingewinnspanne vor Steuern}}$$

$$\text{Kostenhebel beim Bruttoertrag} = \frac{3{,}903\%}{1{,}411\%} = 2{,}77$$

Der Kostenhebel zeigt, wie stark sich prozentuale Veränderungen der Bruttoertragsspanne auf die Reingewinnspanne auswirken.

Bei der Südbank AG führt ein 10%-iger Rückgang des Bruttoertrages zu einer 27,7%-igen Reduzierung der Reingewinnspanne. Voraussetzung ist, dass sich die Kosten bei der Südbank AG nicht verändern.

Sicherheitskoeffizient:

$$\text{Sicherheitskoeffizient beim Bruttoertrag} = \frac{\text{Reingewinnspanne vor Steuern} * 100}{\text{Bruttoertragsspanne}}$$

$$\text{Sicherheitskoeffizient beim Bruttoertrag} = \frac{1{,}411\% * 100}{3{,}903\%} = 36{,}15\%$$

Der Sicherheitskoeffizient zeigt, wie hoch der prozentuale Rückgang der Bruttoertragsspanne sein darf, bevor die Südbank AG in die Verlustzone gerät.

Würde sich der Bruttoertrag um 36,15% reduzieren, so würde die Reingewinnspanne 0,0% betragen.

Bruttozinsspanne:

	Zinserträge aus dem Kreditgeschäft	47.300,0	
+	Zinserträge aus festverzinslichen Wertpapieren	800,0	
-	Zinsaufwand	23.200,0	
=	Bruttozinsspanne	24.900,0	(= 2,846%)

Provisionsspanne:

	Provisionsertrag	10.100,0	
-	Provisionsaufwand	850,0	
=	Provisionsspanne	9.250,0	(= 1,057%)

Bruttobedarfsspanne:

	Personalkosten	11.000,0

+	Sachkosten	7.300,0	
+	Abschreibungen auf Sachanlagen	2.500,0	
+	sonstige Steuern	100,0	
=	Bruttobedarfsspanne	20.900,0	(= 2,389%)

Bruttoertragsspanne:

	Bruttozinsspanne	24.900,0	(= 2,864%)
+	Provisionsspanne	9.250,0	(= 1,057%)
=	Bruttoertragsspanne	34.150,0	(= 3,903%)

Teilbetriebsergebnisspanne:

	Bruttoertragsspanne	34.150,0	(= 3,903%)
-	Bruttobedarfsspanne	20.900,0	(= 2,389%)
=	Teilbetriebsergebnisspanne	13.250,0	(= 1,514%)

Betriebsergebnisspanne:

	Teilbetriebsergebnisspanne	13.250,0	(= 1,514%)
+	Nettofinanzgeschäftsspanne	1.700,0	(= 0,194%)
-	Bewertungsspanne	3.100,0	(= 0,354%)
+	sonstige Erfolgsspanne	1.000,0	(= 0,114%)
=	Betriebsergebnisspanne	12.850,0	(= 1,469%)

Reingewinnspanne vor Steuern vom Einkommen und Ertrag:

	Betriebsergebnisspanne	12.850,0	(= 1,046%)
-	a.o. Spanne	500,0	(= 0,038%)
=	Reingewinnspanne vor Steuern vom Einkommen und Ertrag	12.350,0	(= 1,411%)

1.5 Zinsswaps

Teil 1:

	Fest	Variabel
Unternehmen	6,20%	EURIBOR + 0,30%
B-Bank	4,50%	EURIBOR
Zinsdifferenz	1,70%	0,30%
Differenz	1,40%	
Vorteile nach Aufteilung	0,35% für das Unternehmen und 1,05% für die B-Bank	

Die Refinanzierungskosten des Unternehmens betragen: 5,85%
6,20% mögliche Festzinsanleihe abzgl. Zinsvorteil von 0,35% = 5,85%

Die Refinanzierungskosten für die B-Bank betragen:
5,85% - 4,50% - (EURIBOR + 0,3%) = EURIBOR – 1,05%

Teil 2:
Bei einem Ausfall des Swappartners entsteht wieder ein Zinsänderungsrisiko. Dieses Risiko muss durch ein neues Geschäft geschlossen werden. Da ein Swap kein Austausch von Kapitalverpflichtungen ist, sondern nur ein Austausch von Zahlungsverpflichtungen darstellt, entsteht der Ausfall nicht in Höhe des Nominalbetrages, sondern in Höhe der Opportunitätskosten.

1.6   Bewertung von Wertpapieren

a)

P-Anleihe: Liquiditätsreserve

Die Bewertung hat nach dem strengen Niederstwertprinzip zu erfolgen, d.h. die Westbank eG müsste auf 95,0% abschreiben. Da die Bank aber einen möglichst hohen Jahresüberschuss erzielen will, sollten weitere Abschreibungen vermieden werden. Die Westbank eG kann die P-Anleihe in das Anlagevermögen umwidmen und nach dem gemilderten Niederstwertprinzip bewerten. Bei vorübergehenden Wertminderungen darf keine Abschreibung erfolgen:
➢   Wertansatz der P-Anleihe (50,0 Mio. EUR) zu 97,0%.

O-Aktien: Handelsbestand

Bei der Bewertung der O-Aktien muss eine Wertaufholung erfolgen. Die Bewertungsobergrenze stellt die Anschaffungskosten in Höhe von 34,00 EUR dar.
Wertansatz der O-Aktien (60.000 Stück) zu je 34,00 EUR.
Eine Bewertung zu 42,00 EUR darf nicht erfolgen, da nicht realisierte Gewinne nicht ausgewiesen werden dürfen.

S-Anleihe: Anlagevermögen

Bei voraussichtlich vorübergehender Wertminderung darf die Westbank eG nicht abschreiben (Wahlrecht nur bei Beteiligungen und Anteilen an verbundenen Unternehmen).
➢   Wertansatz der S-Anleihe (20,0 Mio. EUR) zu 99,0%.

Aber bei voraussichtlich dauerhafter Wertminderung muss zu dem geringeren Kurs bewertet werden.
➢   Wertansatz der S-Anleihe (20,0 Mio. EUR) zu 97,0%.

b)

Derivate sind grundsätzlich der Handelsaktiva/Handelspassiva (Handelsgeschäfte) zuzuordnen und werden zum Marktwert (= Fair-Value) bewertet.
Bewertung erfolgt erfolgswirksam im Handelsergebnis.

Bei der Bewertung ist zu unterscheiden, ob die Derivate am Bilanzstichtag einen positiven oder negativen Marktwert aufweisen.
Bei einem positiven Marktwert erfolgt der Ausweis unter der Bilanzposition Handelsaktiva und als Gegenposition dient ein Ertragsposten in der GuV.
Bei einem negativen Marktwert erfolgt der Ausweis unter der Bilanzposition Handelspassiva und als Gegenposition dient ein Aufwandsposten in der GuV.

2 Betriebswirtschaft

2.1 Arbeitsrecht - Tarifrecht

a)

➢ **Ordnungsfunktion:**
Es erfolgt eine Vereinheitlichung der Arbeitsverträge.

➢ **Schutzfunktion:**
Die Schutzfunktion sorgt für Mindestarbeitsbedingungen, d.h. sie soll verhindern, dass der Arbeitgeber einseitig die Arbeitsbedingungen festlegt.

➢ **Friedensfunktion:**
Während der Laufzeit eines Tarifvertrages darf es zu keinen Arbeitskampfmaßnahmen kommen.

➢ **Verteilungsfunktion:**
Durch Festlegung von Löhnen und Gehältern werden alle am Sozialprodukt beteiligt.

b)
➢ Zeitablauf
➢ ordentliche Kündigung
➢ außerordentliche Kündigung
➢ Aufhebungsvertrag der Tarifvertragsparteien

2.2 Arbeitsrecht - Kündigung

a)
Bei der Änderungskündigung kündigt der Arbeitgeber das bisher bestehende Arbeitsverhältnis und bietet dem Arbeitnehmer in diesem Zusammenhang die Fortsetzung des Arbeitsverhältnisses zu geänderten Arbeitsbedingungen an.

Die Änderungskündigung setzt sich daher aus zwei Teilen zusammen:

1. Kündigung des bisherigen Arbeitsverhältnisses und
2. Angebot der Fortsetzung des Arbeitsverhältnisses mit geänderten und genau beschriebenen Bedingungen nach Ablauf der Kündigungsfrist.

Eine Änderungskündigung kann daher niemals fristlos sein.

Im Gegensatz hierzu kann die „normale" Kündigung ordentlich oder fristlos, d.h. außerordentlich sein. Nach Ablauf der Kündigungsfrist bei einer normalen Kündigung hat der Mitarbeiter den Arbeitgeber zu verlassen.

b)

1. Der Arbeitnehmer kann nur die Kündigung annehmen und den Arbeitgeber verlassen.

2. Er kann die Kündigung und den neuen Arbeitsvertrag annehmen. Der Arbeitnehmer verlässt den Arbeitgeber nicht.

3. Er kann das Angebot, d.h. den neuen Arbeitsvertrag, unter dem Vorbehalt annehmen, dass die Änderung der Arbeitsbedingungen nicht sozial gerechtfertigt ist. Diesen Vorbehalt muss er dem Arbeitgeber innerhalb der Kündigungsfrist, spätestens jedoch innerhalb von drei Wochen nach Zugang der Kündigung erklären. Der Arbeitnehmer kann dann Klage beim Arbeitsgericht erheben, dass die Kündigung sozial ungerechtfertigt sei. Sollte die Klage erfolgreich sein, ist der Arbeitnehmer wie bisher beschäftigt. Wird die Klage aber abgewiesen, so arbeitet er zu den Bedingungen des neuen Arbeitsverhältnisses.

2.3   Gewinn- und Verlustrechnung

a)

Unterscheidungs-merkmal	Gesamtkostenverfahren	Umsatzkostenverfahren
Orientierung	Produktionsorientiert	Absatzorientiert
Umfang der Aufwendungen eines Geschäftsjahres	Die gesamten Aufwendungen des Jahres/der Periode werden berücksichtigt.	Nur die Aufwendungen, die auf den Umsatz des Jahres entfallen sind, werden erfasst.
Gliederung	Gliederung nach Aufwandsarten: ➢ Materialaufwand ➢ Personalaufwand ➢ Abschreibungen	Gliederung nach Funktionen: ➢ Herstellungskosten ➢ Verwaltungskosten ➢ Vertriebskosten
Lagerbestandsveränderungen in der GVR	Lagerbestandserhöhungen erhöhen die Erträge, Lagerbestandsverminderungen erhöhen die Aufwendungen der Periode.	Lagerbestandsveränderungen werden nicht erfasst.

Berücksichtigung aktivierter Eigenleistungen	Aktivierte Eigenleistungen erhöhen die Erträge, da sie gleichzeitig auch in den gesamten ausgewiesenen Aufwendungen enthalten sind.	Keine Berücksichtigung aktivierter Eigenleistungen.

b)

Kriterium	GVK	UKV
Aussagefähigkeit	Die Gesamtleistung wird den gesamten Aufwendungen gegenübergestellt. Man erhält einen Einblick in die einzelnen Aufwandsarten.	Das Bruttoergebnis ist oft aussagefähiger als der Wert des Betriebsergebnisses.
Aufwand für die Erstellung	Geringerer Aufwand bei der Erstellung, da keine Anbindung an die Kosten- und Leistungsrechnung erfolgt, d.h. es ist keine ausgebaute Kostenstellen- und Kostenträgerrechnung notwendig.	Höherer Aufwand bei der Erstellung, da eine Anbindung an die Kosten- und Leistungsrechnung erfolgt, d.h. es ist eine ausgebaute Kostenstellen- und Kostenträgerrechnung notwendig.
Inventur	Zur Lagerbestandsermittlung ist eine Inventur notwendig.	Es ist keine Inventur nötig, da keine Lagerbestandsveränderungen erfasst werden.
Schnelligkeit	Keine schnelle Erfolgsermittlung	schnelle Erfolgsermittlung
Vergleichbarkeit	Geringere internationale Vergleichbarkeit.	Bessere internationale Vergleichbarkeit, da dieses Verfahren vor allem in angelsächsischen Ländern Anwendung findet.

c)
> **Gesamtkostenverfahren:**

Umsatzerlöse:	580.000,00 EUR
zzgl. Mehrbestand:	59.400,00 EUR
= Gesamtleistung	639.400,00 EUR
abzgl. Materialaufwand:	92.000,00 EUR
abzgl. Personalaufwand:	518.500,00 EUR
= Betriebsergebnis	28.900,00 EUR

> **Umsatzkostenverfahren:**

Umsatzerlöse:	580.000,00 EUR
abzgl. Herstellungskosten:	435.600,00 EUR
= Bruttoergebnis v. Umsatz	144.400,00 EUR
abzgl. Vertrieb + Verwaltung:	115.500,00 EUR
= Betriebsergebnis	28.900,00 EUR

2.4 Konsolidierung

Berechnung des Geschäftswertes (GW) und des Anteils anderer Gesellschafter (AaG)		
	GW 70%	AaG 30%
Kaufpreis	160,0	0,0
- gezeichnetes Kapital (anteilig)	94,5	40,5
- Kapitalrücklagen (anteilig)	0,0	0,0
- Gewinnrücklagen (anteilig)	0,0	0,0
- Bilanzgewinn (anteilig)	0,0	0,0
- Neubewertungsrücklage (anteilig)	42,0	18,0
= Geschäftswert	23,5	
= Anteile anderer Gesellschafter		58,5

	„Groß GmbH"	„Klein GmbH" inkl. stiller Reserven	Summe	Konsolidierung	Konzernbilanz
Aktiva in TEUR					
Geschäfts- / Firmenwert	0,00	0,00	0,00	23,5	23,5
Grundstücke	50,0	150,0	200,0		200,0
Gebäude	55,0	20,0	75,0		75,0
technische Anlagen	100,0	40,0	140,0		140,0
Beteiligungen	160,0	55,0	215,0	- 160,0	55,0
Summe	365,0	265,0	630,0	- 136,5	493,5

	„Groß GmbH"	„Klein GmbH" inkl. stiller Reserven	Summe	Konsolidierung	Konzernbilanz
Passiva in TEUR					
Eigenkapital	205,0	135,0	340,0	- 135,0	205,0
Neubewertungsrücklage	0,0	60,0	60,0	- 60,0	0,0
Anteile anderer Gesellschafter	0,0	0,0	0,0	58,5	58,5
Fremdkapital	160,0	70,0	230,0	0,0	230,0
Summe	365,0	265,0	630,0	- 136,5	493,5

Konzernbilanz in TEUR			
Aktivseite			**Passivseite**
Geschäftswert	23,5	Eigenkapital	205,0
Grundstücke	200,0	Anteile a. Gesellschafter	58,5
Gebäude	75,0	Fremdkapital	230,0
technische Anlagen	140,0		
Beteiligungen	55,0		
Bilanzsumme	493,5	Bilanzsumme	493,5

2.5 Kostenrechnung – Maschinenstundensatzrechnung

a)

Ermittlung der Fixkosten p.a.:

kalkulatorische Abschreibung p.a.:	10.000,00 EUR
kalkulatorische Zinsen vom WBW p.a.:	4.500 EUR
Grundlage: ½ vom Wiederbeschaffungswert	
Raumkosten p.a.:	10.125,00 EUR
Instandhaltungskosten p.a.:	4.200,00 EUR
Summe:	28.825,00 EUR

Ermittlung der variablen Kosten je Stunde:

Werkzeugkosten je Stunde:	2,50 EUR
Stromkosten je Stunde:	2,75 EUR
Gemeinkostenmaterial je Stunde:	0,85 EUR
Sonstiges:	68,00 EUR
Summe:	74,10 EUR

Ermittlung der tatsächlichen Maschinenlaufzeit:

Bruttolaufzeit:	1.850,0
abzgl. Feiertage:	59,2
abzgl. Urlaubstage:	207,2
abzgl. Reparaturkosten:	95,0
abzgl. Ausfall wegen Störungen:	15,0
Summe:	1.473,6

Fixkosten je Stunde Laufzeit:	19,56 EUR
variable Kosten je Stunde:	74,10 EUR
Summe:	93,66 EUR

b)

Die Produktion des Kundenauftrages soll mit der Maschine B erfolgen. Der Maschinenstundensatz der Maschine A mit 98,50 EUR liegt über dem Maschinenstundensatz der Maschine B (93,66 EUR).

c)

Die Maschinenstundensatzrechnung ist aufgrund ihres Verursachungsprinzip genau. Ein einheitlicher Zuschlagssatz hätte zur Folge, dass alle Produkte mit dem gleichen Zuschlagssatz kalkuliert werden, egal ob sie mit oder ohne die Maschine hergestellt werden.

Produkte, die an kostenintensiven Maschinen produziert werden, werden nicht mit den Kosten von Produkten verrechnet, die an weniger kostenintensiven Maschinen hergestellt werden.

2.6 Konzernabschluss

a)

➢ Informationsfunktion:

Es erfolgt eine Bereitstellung relevanter, verlässlicher und stetiger Informationen für Anleger/Investoren.
Die Informationsfunktion kann von den Einzelabschlüssen nur eingeschränkt erfüllt werden.
Gründe bzw. Probleme, die der Einzelabschluss nicht erfassen kann:

♦ Risikoverbund zwischen den Konzernunternehmen:
Bei einem alleinigen Eigentum des Mutterunternehmens an einem Tochterunternehmen sind Verluste des Tochterunternehmens Risiken des Mutterunternehmens. Diese Verluste hat das Eigenkapital des Mutterunternehmens und somit die Aktionäre und Gläubiger des Mutterunternehmens zu tragen.

♦ Konditionsabsprachen:
Die Festsetzung von Verrechnungspreisen gegenüber dem Tochterunternehmen ermöglicht es dem Mutterunternehmen Gewinnverschiebungen zu seinen Gunsten zu erzielen.

♦ Unübersichtliche wirtschaftliche Situation des Konzerns:
Durch die Bildung von Tochterunternehmen der Tochterunternehmen (Konzernpyramiden) können wiederum Verluste auf diese Unternehmen verlagert werden - bis alles in sich zusammenbricht.

➢ Verhinderung der Täuschung über die wahre wirtschaftliche Lage des Unternehmens.

➢ Keine Verschleierung eines möglichen Insolvenzrisikos.

b)
Die Konsolidierung erfolgt mit unterschiedlichen Intensitäten.
Die Intensität hängt davon ab, wie groß der Einfluss des übergeordneten Unternehmens auf das untergeordnete Unternehmen ist.

➢ Je umfangreicher die Beteiligung ist, desto größer ist der Einfluss des übergeordneten Unternehmens auf die Leitung, Lieferbeziehungen und Geschäftstätigkeiten des untergeordneten Unternehmens.

➢ Je geringer die Beteiligung ist, desto geringer ist der Einfluss des übergeordneten Unternehmens.

Stufe	1. Stufe	2. Stufe	3. Stufe	4. Stufe
Bezeichnung	Vollkonsolidierung	Quotenkonsolidierung	Equity-Methode	Beteiligungen
Übergeordnetes Unternehmen	Mutterunternehmen (MU)	Obergesellschaft (OG)	Obergesellschaft (OG)	Erwerbendes Unternehmen
Untergeordnetes Unternehmen	Tochterunternehmen (TU)	Gemeinschaftsunternehmen (GU)	Assoziiertes Unternehmen (AU)	Erworbenes Unternehmen
Charakterisierung	Beherrschender Einfluss des MU durch einheitliche Leitung bzw. nach dem Control-Konzept	Gemeinschaftlicher Einfluss durch mehrere Obergesellschaften (OG)	Maßgeblicher Einfluss auf das assoziierte Unternehmen	Keine oder nur geringe Einflussmöglichkeiten des erwerbenden Unternehmens

c)

Ermittlung eines möglichen Firmenwertes:

Beteiligung von Groß AG an Klein AG:	540
abzgl. Grundkapital Klein AG:	500
abzgl. Rücklagen Klein AG:	40
Firmenwert:	0

	Mutterunternehmen (Groß AG)	Tochterunternehmen (Klein AG)	Summe	Konsolidierung	Konzernbilanz
Aktivvermögen:	500	570	1.070		1.070
Beteiligung Klein AG:	540	0	540	- 540	0
Beteiligung an S:		330	330		330
Summe:	**1.040**	**900**	**1.940**	**- 540**	**1.400**

Grundkapital:	650	500	1.150	- 500	650
Rücklagen:	150	40	190	- 40	150
sonstige Passiva:	240	360	600	0	600
Summe:	**1.040**	**900**	**1.940**	**- 540**	**1.400**

konsolidierte Bilanz			
Aktiva			Passiva
Aktivvermögen	1.070	Grundkapital	650
Beteiligung an S	330	Rücklagen	150
		sonstige Passiva	600
Summe	1.400	Summe	1.400

3 Volkswirtschaft

3.1 Geldpolitik

a)

	Mengentender	Zinstender
Volumen	➤ wird von den Zentralbanken festgelegt	➤ wird von den Zentralbanken festgelegt
Laufzeit	➤ wird von den Zentralbanken festgelegt	➤ wird von den Zentralbanken festgelegt
Zinssatz	➤ wird von den Zentralbanken vorgegeben	➤ ein Mindestzinssatz wird von der Zentralbank vorgegeben
Banken	➤ Banken geben nur Gebote ab	➤ Banken geben Gebote ab und nennen den Zinssatz
Zuteilung	➤ übersteigt die Nachfrage das Angebot, so wird anteilig zugeteilt (Repartierung)	➤ hängt von dem jeweiligen Zinstenderverfahren ab: **Holländisches Verfahren:** Gebote werden nach Höhe der Zinssätze von oben nach unten zugeteilt. Zinssatz: Zum einheitlichen Bietungssatz des letzten Gebots, das noch im Rahmen des Volumens liegt. **Amerikanisches Verfahren:** Gebote werden nach Höhe der Zinssätze von oben nach unten zugeteilt. Zinssatz: individueller Bietungssatz der jeweiligen Bank

b)

Durch die Einführung des amerikanischen Zinstenders ergaben sich u.a. folgende Vorteile:

➢ Der Wettbewerb zwischen den einzelnen Banken wird verbessert.
➢ Hier macht der Markt den Zins (= Marktorientierung).
➢ Es erfolgen keine Gebote, die höher sind als der gewünschte Betrag, weil hier der Zins zu zahlen ist, der auch geboten wird.

c)
Mengentender:

Zuteilungsquote: $\dfrac{360 \text{ Mrd. EUR} * 100}{600 \text{ Mrd. EUR}} = 60\%$

Bank	Gebote in Mrd. Euro	Erhaltene Zuteilung in Mrd. Euro zu 4,30%
A	100	60
B	140	84
C	60	36
D	160	96
E	140	84

Zinstender (amerikanisches Verfahren):

Bank	Gebote in Mrd. Euro	Erhaltene Zuteilung in Mrd. Euro
A	100	100 zu 4,34%
B	140	140 zu 4,33%
C	60	60 zu 4,32%
D	160	60 zu 4,31%
E	140	--

3.2   Magisches Vier-Eck

a) Preisniveaustabilität, hoher Beschäftigungsstand, stetiges und angemessenes Wirtschaftswachstum und außenwirtschaftliches Gleichgewicht

b) Die Ziele sind magisch, denn wenn man sich auf ein Ziel konzentriert und dies sich positiv verändert, so ändern sich auch die Ist-Werte der anderen Ziele und entfernen sich von den Zielwerten. Die Ziele sind sehr komplex und bisher gibt es keine Strategie, alle vier Ziele zugleich zu erreichen.

c) Zielbeziehungen:

1. Zielkomplementarität (Zielharmonie):

Maßnahmen zur Verbesserung des Ziels A führen zugleich auch zur Verbesserung des Ziels B.

Beispiel: Wirtschaftswachstum und Beschäftigung

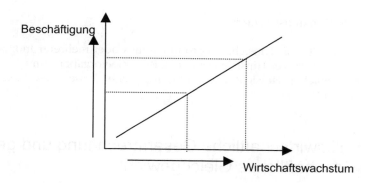

2. Zielinkomplementarität (Zielkonflikt)

Maßnahmen zur Verbesserung des Ziels A führen zugleich zu einer Verringerung der Zielgröße des Ziels B.

Beispiel: Inflation und Beschäftigung; Wachstum und Umwelt

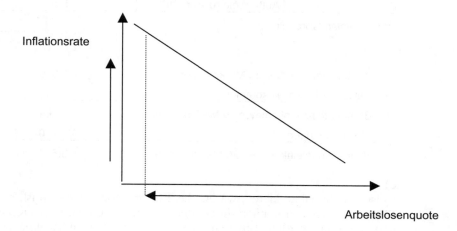

3. Zielneutralität:

Ziel A und Ziel B haben keinen Einfluss aufeinander.

Beispiel: sektorale Strukturpolitik und Distributionspolitik

Die Ziele des magischen Vier-Ecks sind nicht sehr konkret. Sie müssen daher präzisiert bzw. konkretisiert werden. Diese Präzisierung der Ziele wird als Opernationalisierung bezeichnet.

Es ist die Konkretisierung in

> qualitativer Hinsicht (Zuordnung eines oder mehrerer Indikatoren),
> quantitativer Hinsicht (zahlenmäßige Zielvorgaben) und
> zeitlicher Hinsicht (Zeitraum, innerhalb dessen die Ziele zu realisieren sind).

3.3 Volkswirtschaftliche Gesamtrechnung und gesamtwirtschaftliches Gleichgewicht

a) und b)

Konsum	Privater Konsum	2875	3.335
	Konsum des Staates	460	
Bruttoinvestitionen	Bruttoanlageinvestitionen	690	690
	Vorratsveränderungen	0	
	Außenbeitrag zum BIP	-115	-115
= Bruttoinlandsprodukt			3.910

=	Bruttoinlandsprodukt zu Marktpreisen	3.910
+	Saldo der Primäreinkommen	-46
=	Bruttonationaleinkommen zu Marktpreisen	3.864
-	Abschreibungen	230
=	Nettonationaleinkommen zu Marktpreisen	3.634

c)
Es ist erst einmal zu klären, warum das BIP pro Kopf gestiegen ist.
BIP-Veränderungen können durch Mengenveränderungen oder Preisveränderungen hervorgerufen werden. Um reine Mengenveränderungen zu erhalten, müssen die Preissteigerungen herausgerechnet werden.

Es kann jedoch auch sein, dass die Bevölkerungszahl sich verringert hat.

Kritik am BIP ist, dass es keine qualitativen Bedingen erfasst. So werden z.B. Lebensbedingungen, Arbeitsbedingungen und Umweltbedingungen nicht berücksichtigt.

So z.B. gibt es ein Erfassungs- und Bewertungsproblem von Umwelt- und Gesellschaftsschäden. Diese Schäden führen mengenmäßig zu einer BIP-Erhöhung. Jedoch heißt das nicht, dass auch gleichzeitig der Wohlstand gestiegen ist. Oft kann nach Schäden nur eine Grundstruktur hergestellt werden. Somit ist das BIP nur ein Produktionsmaß und niemals Wohlstandsmaß.

Auch wenn das Inlandsprodukt je Kopf zunimmt, muss es nicht gleich zu einer Steigerung des Lebensstandards und des Wohlstandes kommen. Das Wohlergehen hängt auch von immateriellen Gütern ab.

Der Bereich „Schattenwirtschaft, Schwarzarbeit und Selbstversorgung" wird nicht bei der Berechnung des BIPs berücksichtigt. Ferner gibt das BIP auch keine Auskunft über die Einkommensverteilung.

d)

$$Y = \frac{1}{(1-0,8)} * (80 + 200)$$

$$Y = 1400$$

$$Y = \frac{1}{(1-0,8)} * (80 + 250)$$

$$Y = 1650$$

3.4 Wechselkurse

a)

Wechselkursschwankungen entstehen durch Faktoren, die sich in der Leistungsbilanz niederschlagen. Wechselkursschwankungen entstehen somit durch Güter- und Dienstleistungsbewegungen.

Hierbei spielen die unterschiedlichen Inflationsraten (Inflationsdifferenzen) eine wichtige Rolle. Auch unterschiedliche Investitionsinteressen und Produktivitätsentwicklungen führen zu Wechselkursschwankungen.

Zu den Inflationsdifferenzen:

Wenn sich der Binnenwert des Geldes des Partnerlandes ändert, kommt es zu Wechselkursschwankungen.

Beispiel:
Das Ausland hat eine höhere Inflationsrate als das Inland. Somit sind die Preise im Ausland höher als die Preise des Inlandes.
Das führt dazu, dass das Inland viele Exporte tätigen kann (Ausland tätigt Importe). Somit steigt die Nachfrage nach der inländischen Währung bzw. das Angebot der ausländischen Währung steigt. Hierdurch wird die inländische Währung aufgewertet.

Wechselkursschwankungen entstehen durch Vermögensumschichtungen und Kapitalbewegungen.
Die Vermögensumschichtungen und Kapitalbewegungen werden durch die Risikoeinschätzung und durch die Ertragserwartung beeinflusst.

Beispiel:
Steigendes Zinsniveau im Inland (= sinkendes Zinsniveau im Ausland):

Die Erträge von inländischen Anlagen erhöhen sich. Somit steigt die Nachfrage nach inländischen Anlagen. Durch diesen Nachfrageanstieg steigt auch die Nachfrage nach der inländischen Währung.

➢   Aufwertung der Inlandswährung
➢   Abwertung der Auslandswährung

b)

Feste Wechselkurse	
Vorteile	**Nachteile**
1. feste Kalkulationsbasis und daher größere Planungssicherheit für Unternehmen	1. Überschüsse in der Devisenbilanz führen zu einer importierten Inflation und Defizite in der Devisenbilanz führen zum Erschöpfen der Währungsreserven
2. Planungssicherheit für Güter- und Finanztransaktionen	2. es ist keine autonome Geldpolitik sowie keine autonome Wirtschafts- und Finanzpolitik möglich
3. es sind keine Währungsrisiken und keine Wechselkursunsicherheiten vorhanden	3. es bestehen immer Interventionsverpflichtungen, die unter Umständen zur importierten Inflation führen können
4. keine Volatilitäten	

flexible Wechselkurse	
Vorteile	**Nachteile**
1. Flexible Wechselkurse führen zu einer höheren Wettbewerbsfähigkeit. Unterliegen inländische Anbieter gewissen Wettbewerbsnachteilen, so können diese durch das System der flexiblen Wechselkurse abgefedert werden.	1. keine feste Kalkulationsbasis für Unternehmen; geringere Planungssicherheit für Güter- und Finanztransaktionen
2. stets ausgeglichene Devisenbilanz durch Wechselkursanpassungen (keine importierte Inflation)	2. Währungsrisiken entstehen und Wechselkursunsicherheiten sind vorhanden
3. es ist eine autonome Geldpolitik sowie eine autonome Wirtschafts- und Finanzpolitik möglich	3. starke Volatilitäten
4. außenwirtschaftliche Ungleichgewichte können durch Wechselkursanpassungen abgefedert werden	

3.5 Sozialversicherungen

a)
Gesetzliche Rentenversicherung:
Die gesetzliche Rentenversicherung schützt den Einzelnen und seine Familie. Sie dient der Erhaltung, Verbesserung und Wiederherstellung der Erwerbsfähigkeit. Die Rentenversicherung gewährt Renten, sofern das Arbeitseinkommen wegfällt (Regelaltersrente, Teilrente, Erwerbminderungsrente).

abgesichertes Risiko:
➢ Alter
➢ Hinterbliebenenversorgung (Hinterbliebenenrenten)
➢ Erwerbsminderung

Gesetzliche Krankenversicherung:
Die gesetzliche Krankenversicherung schützt ebenfalls den Einzelnen und seine Familie. Sie dient der Erhaltung, Verbesserung und Wiederherstellung der Gesundheit.

> Förderung der Gesundheit und Verhinderung von Krankheiten
> Früherkennung von Krankheiten und Behandlung einer Krankheit

abgesichertes Risiko:
> Tod
> Krankheit

Arbeitslosenversicherung:

Die Arbeitslosenversicherung bietet Schutz bei Arbeitslosigkeit.
Folgende Aufgaben werden von der Arbeitslosenversicherung übernommen:

> Zahlung von Arbeitslosengeld
> Zahlung der Beiträge an die Kranken-, Renten- und Pflegeversicherung

abgesichertes Risiko:
> Arbeitslosigkeit

Pflegeversicherung:

Die Pflegeversicherung bietet Schutz bei Pflegebedürftigkeit. Die Leistungen, die von der Pflegeversicherung gewährt werden, hängen von dem Schweregrad der Pflegebedürftigkeit ab.
Es wird bei Leistungen zwischen ambulanter und stationärer Pflege unterschieden.

abgesichertes Risiko:
> ambulante und stationäre Pflege (Pflegekosten)

Gesetzliche Unfallversicherung:

Aufgabe der gesetzlichen Unfallversicherung ist die Verhinderung von Arbeitsunfällen und Berufskrankheiten. Ferner dient sie der Wiederherstellung der Leistungsfähigkeit nach einem Arbeitsunfall oder nach einer Berufskrankheit. Die gesetzliche Unfallversicherung übernimmt ferner die Rentenzahlung als Entschädigung an die Versicherten oder Hinterbliebenen.

abgesichertes Risiko:
> Berufsunfähigkeit
> Berufskrankheiten
> Wegeunfälle

b)
Prinzip der Fürsorge:

Die Fürsorge umfasst Sach- oder Geldleistungen. In Notlagen hat jeder Bürger einen Rechtsanspruch auf Fürsorge. Der Fürsorgeanspruch wird immer geprüft.

Subsidiaritätsprinzip:

Es soll nach dem Subsidiaritätsprinzip gehandelt werden, d.h.

➢ Hilfe zur Selbsthilfe durch eigene Mittel und
➢ Selbsthilfe geht vor Fremdhilfe.

Der Staat als übergeordnete Stelle soll erst eingreifen, wenn die dezentrale Planung (das einzelne Wirtschaftssubjekt) das Problem nicht alleine lösen kann.

Prinzip der Solidarität:

Das Prinzip der Solidarität bedeutet, dass eine kollektive Risikoabsicherung erfolgt. Die versicherten Personen sind wechselseitig miteinander verbunden und aufeinander angewiesen. Die Risikofinanzierung erfolgt nicht über eine einzelne Person, sondern über alle Versicherten gemeinsam. Die Beitragshöhe richtet sich nach dem Einkommen der versicherten Person und nicht nach dem individuellen Risiko.

Prinzip der Selbstverantwortung:

Der Versicherte soll Krankheit und Behinderung vermeiden bzw. die Folgen überwinden.

Versicherung:

Die Versicherung ist die Vorsorge für einen künftigen Bedarf.

3.6 Multiplikator / Multiplikatoreffekt

a)

Einkommenserhöhungen, die durch eine Erhöhung einer Ausgabe für eine autonome Größe z.B. Investitionen entstehen, werden mit Hilfe des Multiplikators erklärt.

Er gibt an, um wie viel sich das Einkommen verändert, wenn sich die Ausgaben z.B. für Investitionen ändern.

Jede Veränderung der Ausgaben um eine Geldeinheit führt zu einer Änderung des Einkommens um mehr als eine Geldeinheit.

Der Multiplikator gibt an, in welchem Umfang sich ein wirtschaftlicher Impuls auf eine zu erklärende Größe auswirkt.

Der Multiplikator ist grundsätzlich größer als 1, da der Grenzhang zum Konsum zwischen 0 und 1 liegt.

$$m = \frac{1}{(1 - c)}$$

Der Multiplikator wirkt um so stärker, je größer die marginale Konsumneigung (= Grenzhang zum Konsum) ist.

Der Multiplikator wirkt um so schwächer, je kleiner die marginale Konsumneigung ist.

b)

$Y = C + I + G$

$Y = 150 + 0,6 * Y + 250 + 300$

$Y = 0,6 * Y + 700$

$0,4 * Y = 700$

$\underline{Y = 1750}$

$S = -150 + 0,4 * Y$

Konsum: $150 + 0,6 * 1.750 = 1200$

Ersparnis: $1.750 - 1.200 = 550$

oder

$S = -150 + 0,4 * 1750 = 550$

4 Recht

4.1 Handelsrecht

Die Westbank AG könnte einen Anspruch auf Rückzahlung des Darlehens gemäß § 488 Abs. 1 BGB in Verbindung mit § 128 HGB von F bzw. M haben. Voraussetzung ist, dass der Anspruch entstanden ist.

Gemäß Sachverhalt hat eine OHG einen Darlehensvertrag geschlossen. Somit ist eine Gesellschaftsschuld nach § 124 HGB entstanden.

Es könnte jedoch sein, dass auch F für die Verbindlichkeiten haftet. Jedoch ist F vor Darlehensaufnahme aus der OHG ausgeschieden. Somit war er bei der Darlehensaufnahme kein Gesellschafter mehr. Es könnte sein, dass sich die Westbank AG auf § 15 Abs. 1 HGB berufen kann. Voraussetzungen sind:

➢ das Ausscheiden muss eine eintragungspflichtige Tatsache sein,
➢ es muss eine fehlende Eintragung und fehlende Bekanntgabe vorliegen,
➢ der Bank dürfte das Ausscheiden nicht bekannt gewesen sein.

Das Ausscheiden ist nach § 143 Abs. 3 HGB eine eintragungspflichtige Tatsache. Die Eintragung im Handelsregister ist nicht erfolgt. Der Bank war das Ausscheiden des F auch nicht bekannt. Somit kann sie sich auf § 15 Abs. 1 HGB berufen und F galt bei Darlehensaufnahme noch als Gesellschafter und haftet nach § 128 HGB für die Gesellschaftsschulden.

Es könnte auch noch sein, dass M für die Verbindlichkeiten der OHG haftet. Jedoch trat er erst nach Darlehensaufnahme in die Gesellschaft ein. Gemäß § 130 Abs. 1 HGB haftet der eingetretene Gesellschafter nach § 128 HGB für die vor seinem Eintritt begründeten Verbindlichkeiten der Gesellschaft. Die fehlende Eintragung ins Handelsregister steht der Haftung nicht entgegen, da diese Eintragung nur deklaratorische Wirkung hat.

Fazit:
Die Westbank AG kann gemäß § 488 BGB in Verbindung mit § 124 BGB und § 128 BGB und § 15 Abs. 1 HGB die Rückzahlung des Darlehens sowohl von F oder auch von M verlangen, da sie beide gemäß § 128 HGB unmittelbar, unbeschränkt und gesamtschuldnerisch haften.

4.2   Kreditsicherheit - Grundschuld

a)

Zahlung auf die Grundschuld
➢ Es entsteht eine Eigentümergrundschuld.
➢ Die Forderung erlischt, da immer zugleich auch auf die Forderung geleistet wird.

Zahlung auf die gesicherte Kreditforderung der Bank
➢ Die Forderung erlischt nach § 362 BGB.
➢ Die abstrakte Grundschuld bleibt bestehen (als Fremdgrundschuld).
➢ Der Grundstückseigentümer hat einen Rückübertragungsanspruch der Grundschuld aus dem Sicherungsvertrag oder auch aus § 812 Abs. 1 BGB.

Zahlung auf die Hypothek
➢ Es entsteht eine Eigentümerhypothek nach § 1163 Abs. 1 Satz 2 BGB.
➢ Im gleichen Zeitpunkt verwandelt sich die Eigentümerhypothek in eine Eigentümergrundschuld, da die Hypothek nicht ohne Forderung bestehen kann (§ 1177 Abs. 1 Satz 1 BGB).

b)

Zahlung auf die Grundschuld
➢ Es entsteht eine Eigentümergrundschuld nach § 1143 Abs. 1 in Verbindung mit § 1192 Abs. 1 BGB.
➢ Die Kreditforderung der Bank bleibt bestehen.
➢ Der Grundstückseigentümer hat einen Anspruch auf Abtretung der Forderung nach § 398 BGB aus dem Sicherungsvertrag. Der Grundstückseigentümer kann die Forderung gegenüber dem Darlehensnehmer geltend machen.

Zahlung auf die gesicherte Kreditforderung der Bank
➢ Die Forderung erlischt nach § 362 BGB.
➢ Die abstrakte Grundschuld bleibt bestehen (als Fremdgrundschuld).
➢ Der Grundstückseigentümer hat einen Rückübertragungsanspruch der Grundschuld aus dem Sicherungsvertrag oder auch aus § 812 Abs. 1 BGB.

Zahlung auf die Hypothek
➢ Die Forderung geht auf den Grundstückseigentümer nach § 1143 Abs. 1 BGB über.
➢ Die Hypothek geht nach § 401 Abs. 1 BGB, § 412 BGB und § 1153 BGB auf den Grundstückseigentümer über und wird gemäß § 1177 Abs. 2 BGB zur Eigentümergrundschuld.

4.3 Vertretung - Herausgabeanspruch

Der Vater könnte einen Herausgabeanspruch (Wiedergutschrift) der 80,00 EUR von der Südbank eG wegen einer ungerechtfertigten Bereicherung gemäß § 812 Abs. 1 Satz 1 BGB haben.

Voraussetzung ist, dass die Südbank eG durch Leistung etwas ohne rechtlichen Grund erlangt hat.

Etwas erlangt:

Die Südbank eG könnte eine Befreiung von der Verbindlichkeit gegenüber dem Vater erlangt haben, d.h. der Vater hätte einen verringerten Rückzahlungsanspruch aus dem Girovertrag gegenüber der Südbank eG.

Es ist zu prüfen, ob die Südbank eG durch die Auszahlung der 130,00 EUR an Peter befreit wurde. Hierfür bedarf es einer wirksamen Weisung des Vaters zur Auszahlung.

Der Vater hat jedoch gegenüber der Südbank eG keine Willenserklärung zur Auszahlung abgegeben.

Es ist zu prüfen, ob sich der Vater die Willenserklärung von Peter gemäß § 164 Abs. 1 BGB zurechnen lassen muss.

Voraussetzung ist, dass Peter, der beschränkt geschäftsfähig ist (vgl. § 165 BGB), eine eigene Willenserklärung abgibt. Die Auszahlung des Geldbetrages basiert auf einer eigenen Entscheidung von Peter. Somit hat er eine eigene Willenserklärung abgegeben und handelt nicht als Bote seines Vaters.

Ferner muss die Willenserklärung im fremden Namen erfolgen. Dies ergibt sich daraus, dass Peter eine Vollmacht hat und diese nach § 167 Abs. 1 BGB dem Berater der Südbank eG mitgeteilt wurde.

Schließlich muss Peter noch innerhalb der Vertretungsmacht handeln. Die Beschränkung, dass Peter nur die Sporttasche kaufen dürfe, gilt nur im Innenverhältnis. Im Außenverhältnis wurde die Vollmacht nicht beschränkt.

Somit liegen die Voraussetzungen des § 164 Abs. 1 BGB vor, so dass sich der Vater die Willenserklärung von Peter zurechnen lassen muss.

Durch Leistung:

Leistung ist die bewusste und zweckgerichtete Mehrung fremden Vermögens. Da sich der Vater die Willenserklärung von Peter zurechnen lassen muss, ist ihm auch zuzurechnen, dass Peter die Forderung des Vaters gegenüber der Südbank eG zum Erlöschen gebracht hat.

Ohne Rechtsgrund:

Für die Voraussetzungen des § 812 Abs. 1 Satz 1 BGB müsste die Leistung ohne Rechtsgrund erfolgt sein. Da Peter jedoch eine wirksame Willenserklärung (Anweisung zur Auszahlung) abgegeben hat, stellt diese einen Rechtsgrund für das Erlöschen der Verbindlichkeit der Südbank eG dar.

Fazit:

Die notwendigen Voraussetzungen des § 812 Abs. 1 Satz 1 BGB liegen nicht vor. Der Vater hat daher keinen Anspruch auf Wiedergutschrift der 80,00 EUR von der Südbank eG.

4.4 Sachenrecht – mobil

Die Volksbank könnte einen Anspruch auf Herausgabe des Fahrzeuges von Herrn Bock nach § 985 BGB haben.

Voraussetzung ist, dass die Volksbank Eigentümer und Herr Bock Besitzer ist.

Außerdem dürfte Herr Bock keine Einwendungen nach § 986 Abs. 1 BGB geltend machen können.

Herr Bock ist unmittelbarer Besitzer und ursprünglich war Herr Bock Eigentümer.

Es könnte sein, dass Herr Bock sein Eigentum verloren hat.

Die Sparkasse könnte am 20.05.2007 Eigentum erworben haben.

Voraussetzung nach § 930 BGB ist die Einigung und Vereinbarung eines Besitzmittlungsverhältnis sowie die Berechtigung des Herrn Bock.

Die Einigung zwischen der Sparkasse und Herrn Bock liegt vor. Auch das Besitzkonstitut wurde vereinbart. Herr Bock war ferner der Berechtigte. Somit hat die Sparkasse das Eigentum an dem Fahrzeug erworben.

Es könnte jedoch aber auch sein, dass die Volksbank Eigentum erworben hat.

Die Einigung und das Besitzkonstitut nach § 930 BGB liegen vor. Jedoch war Herr Bock nicht mehr Eigentümer. Somit kommt nur ein gutgläubiger Erwerb nach § 933 BGB in Frage.

Nach § 933 BGB muss der Erwerber die Sache körperlich von dem Veräußerer übergeben bekommen. Das ist in diesem Fall nicht geschehen. Durch die alleinige Übergabe des Kfz-Briefes wird kein Eigentum übertragen.

Fazit:

Die Volksbank hat also kein Eigentum an dem Wagen erworben. Ein Anspruch auf Herausgabe nach § 985 BGB besteht nicht.

4.5 Erbrecht

a) Da Herr Herbert Klein keine letztwillige Verfügung getroffen hat, liegt die gesetzliche Erbfolge vor.

Nach §§ 1931 Abs. 1 und Abs. 3 BGB in Verbindung mit § 1371 BGB erbt die Ehefrau 1/4 sowie zusätzlich 1/4 als Zugewinnausgleich. Somit erbt sie insgesamt 1/2.

Die Kinder erben je 1/4.

b) Auch hier liegt keine letztwillige Verfügung vor. Somit gilt hier auch die gesetzliche Erbfolge.

An der Darstellung ergeben sich aufgrund der vereinbarten Gütertrennung Veränderungen.

Nach § 1931 Abs. 4 BGB erben alle drei Personen zu gleichen Teilen, d.h. jeder erbt 1/3.

c) Klaus könnte einen Anspruch auf Auszahlung des Guthabens aus dem Sparvertrag (§ 952 BGB) aufgrund der Gesamtrechtsnachfolge (Gläubigerwechsel–Grundsatz der Universalsukzession) nach § 1922 BGB gegenüber der Ostbank AG haben.

Voraussetzung ist, dass ein Anspruch entstanden ist. Hierzu müsste er Gläubiger, d.h. Erbe geworden sein.

Da keine gewillkürte Erbfolge vorliegt, gilt die gesetzliche Erbfolge. Klaus ist ein Abkömmling von Herbert und daher Erbe.

Nach § 2032 Abs. 1 BGB bildet er zusammen mit Kathy und Susanne eine Erbengemeinschaft (Gesamthandgemeinschaft).

Nach § 2039 BGB kann die Ostbank AG die Zahlung nur an alle Erben gemeinsam leisten.

Klaus hat keinen alleinigen Anspruch auf Auszahlung des Guthabens.

4.6 Kreditsicherheit - Bürgschaft

1. Innenverhältnis zwischen Herrn Berger und Herrn Eggers:

Im Innenverhältnis liegt ein Auftragsverhältnis zwischen Herrn Berger und Herrn Eggers gemäß § 662 BGB vor. Nach § 670 BGB kann Herr Eggers Ersatz von Aufwendungen verlangen.

2. Außenverhältnis:

Im Außenverhältnis (= Legalzession) erfolgt ein gesetzlicher Forderungsübergang nach § 774 Abs. 1 BGB. Herr Eggers tritt im vollen Umfang in die Rechte und Pflichten des bisherigen Gläubigers ein. Er hat einen Rückgriffsanspruch in Höhe der geleisteten Zahlung.

3. Übergang von Sicherheiten auf den Bürgen:

Die gestellte Grundschuld stellt eine abstrakte Sicherheit dar. Ein automatischer Übergang der Grundschuld auf den Herrn Eggers gemäß § 401 Abs. 1 BGB scheidet aus.

Herr Eggers kann aber die Übertragung der Grundschuld verlangen. Diese Übertragung muss aber ausdrücklich durch einen Vertrag (i.d.R. durch eine Abtretung nach § 398 BGB) erfolgen.

Nach Rechtssprechung des BGH besteht eine gesamtschuldähnliche Beziehung zwischen mehreren Sicherheitengebern, die auf gleicher Stufe stehen.

Die Vorschriften des § 426 Abs. 1 BGB sind entsprechend anzuwenden, so dass Herr Eggers die Übertragung der Grundschuld zu 50% verlangen kann.

4. Ausgleichsanspruch des Herrn Eggers gegenüber Frau Berger:

Herr Eggers hat nach § 426 Abs. 1 BGB einen Ausgleichsanspruch gegen Frau Berger. Bei der Sicherung der Kreditforderung durch die Bürgschaft und der Grundschuld stehen die beiden Sicherheitengeber auf gleicher Stufe. Es ist zu beachten, dass Herr Eggers nur einen anteiligen Ausgleichsanspruch gegenüber Frau Berger geltend machen kann.

Mit weiteren Gabler-Büchern schnell und sicher zum Bankfachwirt

Olaf Fischer

Prüfungstraining zum Bankfachwirt:
Allgemeine Bankbetriebswirtschaft
Sicher durch die Zwischen- und Abschluss-
prüfung zum geprüften Bankfachwirt (IHK).
3. Auflage 2007
XII, 268 S., Br. € 33,90
ISBN 978-3-8349-0487-4

Achim Schütz | Olaf Fischer | Margit Burgard

Prüfungstraining zum Bankfachwirt:
Mündliche Prüfung Bankfachwirt
Wie strukturieren, beraten und verkaufen
Sie am erfolgreichsten im Prüfungsgespräch
2. Auflage 2007
X, 207 S., Br. € 29,90
ISBN 978-3-8349-0542-0

Olaf Fischer (Hrsg.) | Meinolf Lombino

Prüfungstraining zum Bankfachwirt:
Volkswirtschaftslehre für Bankfachwirte
Kurz und knapp alles Prüfungsrelevante
zusammengefasst
Auflage 2007
XVIII, 237 S., Br. € 29,90
ISBN 978-3-8349-0021-0

Änderungen vorbehalten. Stand: Februar 2008.

Gabler Verlag . Abraham-Lincoln-Str. 46 . 65189 Wiesbaden . www.gabler.de

GABLER